1

Renaissances à Coutainville

Un roman de
Patrice POULET

« Seules errances d'amour sont dignes d'un pardon. »
Miguel de Cervantès.

ISBN : 978-2-9550877-3-2

Pour Matthieu, mon fils,
Pour Caroline, ma fille.

Prologue.

L'imposant portail vert piqué d'une rouille qui le rongeait au plus profond depuis des années grinça en se refermant lentement. Les pointes qui surplombaient les deux battants et le mur d'enceinte du parc se détachaient sur le ciel chargé. Elles garantissaient l'inviolabilité du domaine.

Alice quittait la résidence de la Pureté.

Ce nom pathétique sonnait faux. Ses propriétaires l'avaient baptisée ainsi pour que ses locataires, des femmes exclusivement, y puisent la possibilité de se racheter de leurs fautes et de se purifier de leurs péchés.

Ils avaient aussi voulu que la vie y soit remplie d'honnêtes sentiments et pavée de bonnes intentions — tout comme l'enfer finalement. À l'intérieur, on n'était pas loin de cette dernière vérité.

*

Elle laissait derrière elle cinq années, trois passées en prison, puis deux dans ce lieu isolé de tout.

Cinq années de frustrations mentales, de libertés bafouées, de violences destructrices.

Cinq années de pensées noires ou de rêves magnifiques — cela dépendait du jour et de l'humeur — enfermés dans la tête, gardés au plus profond d'elle-même. Et qui resurgiraient

1

un jour, comme un geyser qui éclate en une gerbe brouillonne et libératrice.

Cinq années de manque d'affection qu'elle devrait compenser. Mais dans les bras de qui ? Surement pas ceux de sa famille ou de ses anciens amis. Elle ne se faisait plus d'illusions, elle n'avait eu aucune visite depuis le début de son internement.

Elle avait payé cher pour une vengeance qu'elle avait estimée justifiée.

Il fallait oublier tout cela au plus vite.

Elle se relèverait. Elle se l'était promis.

Chapitre 1

La nuit commençait à tomber, mouillée des larmes d'une bruine pénétrante et triste qui ne laissait aucune chance au malheureux voyageur d'arriver sec. Alice se retourna légèrement.

Au bout de l'allée bordée des immenses chênes séculaires qu'elle avait tant aimés, elle aperçut les deux gardiennes qui l'avaient escortée toutes ces années.

Aaliya et Priscilia étaient sur le perron, silhouettes fantomatiques dans un crépuscule qui enveloppait toute chose et noyait ce paysage qu'elle avait trop côtoyé, trop parcouru à la recherche d'elle-même. Elle crut surprendre un furtif geste de la main de la plus jeune, avec laquelle elle avait eu de nombreux échanges. Ce discret au revoir — les relations entre les surveillantes et les pensionnaires étaient très réglementées — lui fit chaud au cœur.

Derrière les longs rideaux jaunâtres, elle distinguait la masse compacte de ses compagnes d'infortune qui devaient avoir les larmes aux yeux. Alice l'espérait. Elles n'avaient pas été autorisées à venir l'accompagner pour d'évidentes raisons de sécurité.

Beaucoup d'entre elles se souviendraient longtemps des soirées passées autour de leur mentor, pendant qu'elle leur faisait la lecture et les transportait dans des mondes qu'elles ne connaitraient jamais. La fuite irrémissible de leur vie derrière les barreaux les en empêcherait.

Sa passion pour la littérature s'était transformée en une grande disponibilité auprès des pensionnaires. Elle les avait initiées à un univers qu'elles découvraient pour la plupart.

Elle s'était reconnu un sens aigu du partage et donnait ainsi volontiers de son temps aux autres, ayant remis complètement en état la bibliothèque désorganisée et désertée à son arrivée. Elle en avait fait un lieu d'échanges accueillant et convivial où l'on s'épongeait des larmes de joie ou de tristesse suivant l'histoire choisie par la lectrice.

La nuit venue, Alice écrivait.

Elle avait obtenu l'autorisation de rester plus tard dans ce qui était désormais son domaine pour les bons services qu'elle rendait. En s'accordant à l'inspiration du moment et à l'humeur qu'elle avait toujours aussi changeante, elle travaillait sur une sorte de biographie où elle dévoilerait tous les détails des enchainements tragiques qui l'avaient amenée jusqu'ici. On comprendrait enfin sa vérité.

Elle dissimulait ce témoignage secret et sacré dans des recoins improbables, souvent inaccessibles, qu'elle alternait régulièrement.

Ce soir-là, elle avait caché son manuscrit sous la longue jupe de laine qui tombait lourdement sur ses chaussures de marche. À l'intérieur d'une ceinture fabriquée par une des couturières se trouvait ce qui était dorénavant son bien le plus précieux.

xa

Chapitre 2

Alice avait beaucoup réfléchi à sa future vie : de nouveaux repères à mettre en place, de nouveaux horizons à appréhender, de nouvelles relations à tisser, cela ferait beaucoup. Elle devrait procéder par étapes.
Son caractère trempé et volontaire l'aiderait en cela.
L'incroyable capacité qu'elle avait à se relever au plus fort des épreuves était la meilleure garantie de son renouveau.

*

Elle avait demandé à être libérée en fin de journée afin d'affronter ce bouleversement dans une obscurité anonyme et rassurante.
Une longue marche l'attendait et un pull épais à col roulé, qui essayait de trouver sa place sous un anorak pas très féminin, tentait de l'isoler de cette humidité qui commençait à la pénétrer.

*

La jeune femme n'était plus aussi alerte, engourdie par le manque d'exercice et une bonne dizaine de kilos supplémentaires qui pesaient sur ses jambes endolories. Elle rejoindrait toutefois le prochain village à pied, comme elle le faisait avant.

Elle se mit à attaquer le premier de la vingtaine de kilomètres qui la séparait de sa future halte. Elle avait planifié deux ou trois nuits d'hôtel, suivant ce qu'elle trouverait sur place.

Elle avait glané un peu d'argent de poche en effectuant des travaux de ménage et de nettoyage et en s'occupant de la bibliothèque. Cela lui suffirait pour le strict nécessaire des semaines à venir.

Le pécule qu'elle avait soigneusement épargné avant son arrestation lui permettrait d'anticiper la suite.

*

Elle s'essoufflait. Ralentissant le pas, elle franchit une hayette et s'assit quelques minutes sur un tronc déraciné, creusé comme une coque qui lui rappela les bateaux qui partaient à la pêche en direction des îles Chausey.

Cette douce nostalgie ne dura pas longtemps.

Elle ouvrit la valise et en tira le petit sac à dos qu'elle avait soustrait à la vigilance des gardiennes. Elle la lança le plus loin possible avec tout ce qu'elle contenait, vêtements, bibelots, et documents que l'administration pénitentiaire lui avait fournis.

La page était tournée. Ces tristes souvenirs iraient mourir dans le fond de ce champ inondé, pourris par l'abandon et la vermine comme une sentine en mauvais état.

Se sentant soulagée, elle continua son chemin, rasant au plus près les talus qui bordaient cette étroite départementale coincée entre les buissons sauvages de ce bocage qu'elle connaissait si bien.

L'atmosphère était prenante, profonde, presque angoissante. Le silence était complet. Seuls quelques oiseaux de nuit commençaient leurs hululements dans une ambiance lourde de sens pour cette jeune femme qui allait affronter une nouvelle vie.

Son plan était prêt.

Même si elle savait le trajet encore encombré de beaucoup d'imprévus, qu'importe, elle s'en débarrasserait au fur et à mesure.

Chapitre 3

Théo venait d'avoir trente ans. Tout en conduisant, il finissait de taper le texto confirmant l'heure du rendez-vous avec le premier client du lendemain matin. Il serait en retard, peu enclin à se lever encore une fois avant six heures.

La musique hurlait dans la confortable voiture allemande qui avalait les kilomètres de la départementale à une vitesse excessive. Son chauffeur n'avait plus que deux idées en tête ; trouver un endroit discret pour se soulager — il avait déjà consommé plusieurs canettes de son soda préféré depuis son départ de Bayeux — et s'installer à la table d'un restaurant qui le changerait de la routine.

La faim le tenaillait. Il voulait se venger des éternels sandwichs du midi qui pesaient lourd sur le moral et sur la ceinture du pantalon, dont il reculait régulièrement la fixation.

*

La journée avait été bonne et il avait signé une très belle commande lui garantissant une partie conséquente de son salaire du trimestre, complétée comme d'habitude de la commission reversée en liquide par son distributeur. Il pensait cette façon de faire des affaires assez normale. Chacun y trouvait son compte.

*

Son métier lui plaisait.

Il gagnait bien sa vie et les produits qu'il vendait rencontraient un certain succès. Ces solutions informatiques permettaient d'externaliser les données et les applications des entreprises pour les faire gérer par des spécialistes. Il proposait cela aux PME locales et à des partenaires triés sur le volet. Il soulageait ainsi les premières des tâches complexes de maintenance et aidait les deuxièmes à se rémunérer copieusement sur les services d'accompagnement.

Il monnayait ensuite sous forme d'occultes commissions les contacts qu'il amenait à ces derniers.

*

Sa vie n'avait été jusqu'à présent qu'un enchainement d'étapes pas très glorieuses.

Un début de carrière chaotique, sans diplômes, l'avait entrainé dans des zones que la moralité réprouve. Magouilles et arnaques l'avaient conduit sur le chemin glissant de la violence. Il y avait heureusement mis un coup d'arrêt lorsqu'un oncle complaisant, à la tête de plusieurs entreprises florissantes, avait accepté de le prendre à l'essai dans sa filiale informatique. Sa mère, toujours absente pour lui, car trop présente pour ses amants, s'était chargée de lui trouver cet emploi chez son frère. Cela avait été probablement un bon moyen de se débarrasser de cette progéniture gênante.

Il avait alors travaillé dur, redevable de cette situation. Dans ce milieu des affaires, on ne plaisantait pas avec le travail, ni avec l'honneur et surtout pas avec la famille.

Chapitre 4

En cette fin de journée, il se laissait aller, reprenant à tue-tête le morceau de rap qui passait à la radio. La chemise trop cintrée était largement ouverte sur une poitrine velue et le pantalon dégrafé sous un ventre qui devenait proéminent.

Il appuyait sur la touche envoi de son smartphone lorsqu'il aperçut, dans un éclair de lucidité, la silhouette diffuse d'une personne qui longeait la route d'un pas mal assuré.

Un réflexe incroyable lui fit enfoncer la pédale de frein jusqu'au plancher. Les pneus hurlèrent sur le bitume, arrachant une gerbe de gravillons. La voiture fit une embardée sur la droite et se retrouva de travers, le capot avant immobilisé à quelques centimètres de l'apparition. L'arrière avait heurté le talus, la faisant ricocher. Une épaisse fumée noire sortait du pot d'échappement décroché en grande partie de son support.

Théo, qui avait cogné violemment le tableau de bord sous la brutalité de l'arrêt pour rebondir ensuite contre son siège, se redressa péniblement.

Une énorme angoisse le submergea, mélangée à la peur instinctive de découvrir un spectacle horrible et de finir cette belle journée sur une note dramatique.

*

La silhouette, entraperçue quelques secondes auparavant, était debout, immobile dans son halo de brume, comme fière d'avoir vaincu l'adversité.

Alice n'avait pas bougé d'un pouce, stoïque devant le véhicule qui fumait de rage d'avoir été soumis à un traitement aussi violent.

Un soupir de soulagement libéra Théo. Il sortit brusquement de la voiture, glissa alors sur le sol humide et se rattrapa tant bien que mal au bord de la portière, se découpant au passage une large lanière de peau du coude jusqu'à la main gauche.

Pitoyable et grotesque dans sa tenue débraillée, il hurla de douleur.

Dans l'affolement, son pantalon était tombé sur les chevilles, comme une chaussette qui n'accroche plus et qui boudine sur le soulier dans une succession de vaguelettes ridicules.

Son caleçon était décoré de scènes explicites. Sa chemise était lacérée et maculée de sang.

Les deux ajoutaient une touche finale à un tableau surprenant qui détonnait fortement avec la froideur des lieux.

Comme première rencontre masculine, Alice avait espéré mieux...

*

Après s'être rhabillé tant bien que mal, Théo articula ses premiers mots à l'intention d'Alice, du coton plein la bouche.

— Tout va bien, madame ?

Sa première phrase était hachée. Il craignait la réponse. Elle serait probablement violente et il se sentirait désarmé.

— Parfaitement bien.

— !

Théo fut surpris. Elle parlait calmement. Le débit était contrôlé et elle ne semblait ressentir aucune émotion.

— Et vous, monsieur le conducteur fou? répliqua sèchement Alice, avec cette pointe d'ironie dans la voix qu'elle seule pouvait comprendre.

— J'ai le bras déchiqueté, la main ouverte et j'ai reçu un gros coup à la tête. Mais ça va, dit Théo, peu convaincant.

— Je suis désolé. J'ai été imprudent. Je ne pensais pas croiser quelqu'un à cette heure, par ce temps, sur cette route isolée, s'excusa-t-il.

— Vous avez peut-être un problème? continua-t-il, étonné par cette improbable rencontre nocturne en ce lieu désert.

— Pas vraiment, répondit-elle.

— Moins que vous, en tout cas. Je vais vous soigner, ajouta-t-elle.

*

Alice se surprit elle-même de cet élan de générosité. Ce n'était pas dans son registre habituel.

Solitaire, abandonnée des siens, victime et coupable à la fois, détraquée dans son corps et son âme, elle se devait d'avancer, sans se poser de questions, sans renoncer, sans faire de compromis.

Ce serait difficile et long. Terriblement long, probablement.

Devrait-elle continuer sa vengeance ou pardonner tout simplement?

Cette première rencontre imprévue l'aiderait peut-être, dans un sens ou dans l'autre.

Chapitre 5

Au moment où Alice franchissait le haut portail de l'institution de la Pureté, Isabelle tournait le couvercle noir vernis de l'urne qui contenait les cendres de Sven.

Un souffle violent et tourbillonnant commença à jouer avec la poussière de son amour, comme s'il n'arrivait pas à la quitter. Les minces particules de ce corps qu'elle avait connu par cœur virevoltaient au-dessus de sa tête. Comme pour lui signifier qu'il serait à jamais présent près d'elle, que les vents fussent favorables ou contraires.

Elle releva le visage, les yeux rougis emplis de larmes. Sa longue chevelure la fouettait. Le chagrin et la fatigue l'avaient dévastée. Elle implora quelqu'un ou quelque chose, là-haut, au-dessus des escarbilles pour lui donner la force d'affronter la suite.

Elle ignorait qui et quoi.

*

Elle était encore fière dans ce long manteau de mohair qui la protégeait à peine des éléments déchaînés. À quelques mètres du rebord de l'immense falaise qui dominait la mer, elle apercevait — du moins se l'imaginait-elle — le promenoir de Coutainville, là où la première partie de sa vie s'était déroulée dans un bonheur constant.

Comme d'habitude, la Manche était magnifique.

La nuit tombait et les premières lueurs d'une lune aussi pâle qu'Isabelle commençaient à faire danser la crête des vagues qui s'enroulaient. Elles se déliaient ensuite sur la grève, bousculant les galets qui répercutaient le bruit sourd des rouleaux. De vivifiants effluves salins remontaient le long des murs de la roche volcanique de granit rose jusqu'à elle.

Elle se rappelait tout, la famille, les amis, la maison, le bateau.

Le bateau...

Celui qu'elle avait entrevu quittant le port il y a quelques années avec à son bord son fils bien-aimé.

Celui dont la coque portait son prénom peint en lettres d'or et qu'elle avait reçu comme un ultime hommage.

Chapitre 6

Ces dernières années avaient été difficiles.

Elle avait tenté de tout oublier, mais le courage l'avait souvent abandonnée.

Oublier le jour où Sven, dévasté par son geste odieux, s'était confié à elle.

Oublier la nuit où Alice avait martyrisé son compagnon jusqu'aux extrémités d'une douleur insoutenable, jusqu'à l'infirmité.

Oublier qu'elle avait décidé de l'aider et de l'aimer même après sa conduite inqualifiable. Elle ne l'avait pas condamné au risque de tout perdre. Ce qui s'était produit.

*

S'intégrer à Jersey n'avait pas été facile. Les gens qui côtoyaient le couple s'étaient posé pas mal de questions sur les vraies raisons de leur installation dans le pays. Isabelle avait inventé une histoire.

« Mon mari est tombé de son doris lors d'une banale sortie en mer pour aller pêcher le bar. Il était seul, mais avait pourtant l'habitude…

Il est alors resté accroché comme un vulgaire filet à l'arrière, empêtré à cause de son ciré et de ses lourdes bottes…

Trainé sur des fonds marins hérissés de roches coupantes comme des rasoirs, il a souffert le martyre...

Heureusement, un autre chalut a pu le secourir juste avant une noyade programmée...

Désormais, c'est le fauteuil roulant en lieu et place du bateau.

C'est un stupide accident qui lui a causé un tel choc que nous avons décidé de nous expatrier et de tenter une nouvelle vie. Là-bas, sur le continent, c'était devenu trop dur. Il nous fallait oublier tout. Et essayer de revivre... »

Pour beaucoup, c'était évident, ils cachaient quelque chose...

*

Lorsqu'elle était arrivée sur l'ile, Isabelle avait le visage émacié et pâle, l'allure chétive d'une jeune fille maladive qui aurait vieilli trop vite. Elle avait besoin de se refaire physiquement et moralement et de trouver l'énergie nécessaire pour reconstruire son couple.

Laborieuse, courageuse, tout entière dévouée à cet homme qui n'en avait plus grand-chose, elle avait survécu.

Elle s'était peu à peu remise et avait puisé dans sa détermination naturelle les ressources pour continuer.

Tout cela n'avait pas servi à grand-chose. Sven dépérissait de jour en jour. Jusqu'à cette extrémité finale où il l'avait suppliée d'abréger ses souffrances dans un dernier accès de conscience.

Isabelle l'avait compris, admis. Elle avait agi en pleine nuit, coupant les assistances qui le reliaient encore si peu à la vie.

Elle l'avait fait pour le bien de ce compagnon de toujours et aussi comme pour se libérer du mal-être qui la rongeait depuis cet acte ignoble perpétré par celui qu'elle aimait.

*

Elle avait décidé, elle recommencerait sa vie.
À partir de zéro.
À Coutainville.
Probablement.

Chapitre 7

Isabelle s'éloignait tout juste du bord de la falaise quand un cri de libération rebondit sur les murs blancs de la maternité du Nouveau-Né à Coutances, à une centaine de kilomètres seulement d'où elle se situait.

Sa belle-fille, Julie, venait de mettre au monde Nina, la toute jeune sœur de Timéo, âgé de six ans et demi. Quentin, le père des deux enfants, sortit de la salle d'accouchement à la fois anéanti par le stress de l'opération et débordé d'une joie indicible. Il était en nage, KO debout, traversé de sentiments contraires. L'arrivée dans un milieu inconnu de cet être qui tenait presque dans une seule main l'avait impressionné.

Julie souriait et pleurait en même temps, abandonnée dans cette extase sans égale d'avoir donné la vie une deuxième fois.

Elle avait accouché dans la douleur à cause d'une santé déclinante qui avait obligé le corps médical à prendre de sérieuses précautions. Elle souffrait horriblement au quotidien.

Dans l'instant présent, il n'y avait que du bonheur. Celui qu'elle partageait déjà avec l'aîné et qui serait à mille occasions renouvelé avec sa petite sœur.

Une interrogation la dérangeait encore. Nina avait-elle la singularité de son père ? Ses yeux étaient-ils vairons ?

Elle n'avait pu le vérifier. Elle verrait plus tard.

Assommée de tranquillisants, elle s'endormit.

*

Quentin s'était affalé sur un de ces fauteuils en skaï vert inconfortables de la salle d'attente. Il était seul. La tension était retombée, les pensées se bousculaient dans sa tête.

L'état de la jambe gauche de Julie avait empiré ces derniers mois. Il devait mettre en place rapidement une solution, le quotidien de la famille s'en trouvait altéré.

Malgré cela, le couple — sans histoire du moins en apparence — avait balayé la période sombre traversée avant la naissance de Timéo.

Balayée l'agression de Quentin ;

Balayée la disparition d'Isabelle ;

Balayés la rupture avec Alice, et son procès ;

Balayé l'accident du plongeoir ;

Pourtant, parfois, une mélancolie passagère voilait le regard décalé de Quentin. Julie s'en apercevait. Elle restait discrète. Lui aussi.

Allait-il se confier ?

Chapitre 8

L'hôtel « Le canal de Carentan » était situé en face du port de plaisance. S'il ne payait pas de mine et méritait tout juste ses deux étoiles, son emplacement était unique et l'on imaginait aisément la mer juste au bout du canal qui coupait le parc naturel des marais.

La vingtaine de chambres et le restaurant traditionnel accueillaient depuis plus de trente ans les mêmes clients :

Des habitués, commerciaux et VRP, qui y trouvaient un bon rapport qualité-prix, une ambiance familiale et un point central pour leurs affaires dans la région ;

Des touristes de toutes les nationalités qui visitaient les plages du débarquement, nombreuses dans le voisinage et facilement accessibles dans un rayon de quelques dizaines de kilomètres ;

Des habitants des environs qui y menaient des siestes crapuleuses avec leurs adultères compagnies en toute discrétion. La ville entière n'ignorait rien de toutes ces après-midis fort coupables et se gargarisait de croustillantes anecdotes.

Théo était de la première catégorie et il y passait de courts, mais réguliers séjours. Le calme de l'établissement et les relations qu'il entretenait avec le personnel lui plaisaient. Il se sentait un peu comme chez lui, à défaut d'en avoir un vrai ailleurs.

Les soirées étaient paisibles, souvent très solitaires.

23

Ce qui n'avait pas été le cas cette nuit-là.

*

Un soleil exceptionnellement joueur ce matin-là s'immisça entre les deux rideaux qui servaient de volets dans la petite chambre où dormait encore Alice. Il caressa son visage comme un amoureux l'aurait fait et la réveilla. Sa montre indiquait 11 h 30. Elle n'en revenait pas. Il y avait des années qu'elle n'avait pas fait une grasse matinée.

Complètement désorientée, elle mit quelques minutes à recouvrer ses esprits.

Où était-elle ?

Où étaient les compagnes habituelles de toutes ces dernières années ?

Elle ne les avait pas entendues geindre de ces dépits qui faisaient mal au moral, éclater de ces rires fous qui glaçaient le sang ou s'exclamer de ces voix éraillées qu'elles allaient tuer toutes les surveillantes pour s'enfuir enfin.

Que faisait-elle dans ce lit défait, qui ressemblait tant aux champs de bataille qu'elle avait connus à la Pureté lorsque certaines pensionnaires arrachaient tout dans leur démence ?

Pourquoi était-elle nue, alors qu'elle dormait soigneusement emmitouflée depuis son agression, comme pour se protéger ?

La chronologie des événements se remit progressivement en place dans son esprit perturbé. Elle se rappela. Elle sourit, heureuse d'avoir trouvé un exorciste.

Chapitre 9

— Je peux vous emmener quelque part ?

Sur le bord de la route, Théo avait rassemblé à la fois ses pensées et ses vêtements.

— Je me rends à Carentan, à mon hôtel, et j'aimerais beaucoup vous inviter à diner. Je m'en veux de vous avoir fait si peur.

Théo était hésitant. Il cherchait les mots justes et s'appliquait à tourner de belles phrases.

Intimidé par le calme et la détermination de cette improbable rencontre, il était très impatient d'en savoir plus sur elle.

— Pourquoi pas !

Alice s'étonna elle-même d'une réponse qui fusa avant même d'y avoir réfléchi. Décidément ! Cet inconnu lui faisait bonne impression. Ou impression tout simplement ?

— Ma voiture n'est pas trop abimée. Un peu de peinture et de carrosserie à refaire.

Théo se persuadait lui-même. Ce véhicule, dans lequel il avait investi une grande partie de son salaire, était pour lui tout un symbole. Celui d'une réussite qui pourrait enfin, au moins en apparence, lui assurer un nouveau statut social et une légitimité après lesquels il courrait depuis tant d'années.

*

25

Alice s'assit à côté du conducteur. Elle était sereine et contente de faire le reste du chemin dans d'aussi confortables conditions.

Théo était volubile. Quelques kilomètres plus loin, elle en savait déjà beaucoup sur son compte et sur les dernières années de sa vie. Il avait beaucoup insisté : son métier qui le passionnait, ses clients qu'il adorait, les solutions qu'il vendait et auxquelles elle ne comprenait rien, ses nombreux déplacements en voiture qui expliquaient la fatigue, et par conséquent la distraction de tout à l'heure.

Alice écoutait, si peu, hochant la tête pour faire semblant d'être attentive et d'accord avec lui.

Mais elle était ailleurs... Son regard vide balayait le paysage.

*

Elle s'attardait sur les pierres grises et bleutées des murs éboulés qui protégeaient des champs où il n'y avait rien à voler ; sur les prairies de ce vert cru si fier où paissaient des vaches impassibles sous le crachin qui s'intensifiait ; sur les immenses hêtres qui commençaient à regagner forme et volume en ce début de printemps ; sur les grandes taches de couleur des ficaires qui illumineraient bientôt les charmilles de leur jaune éclatant.

Elle irait les caresser et s'allongerait au milieu, respirant profondément à la fois leur subtil parfum et sa liberté retrouvée.

Elle revint à la réalité lorsque Théo haussa le ton.

*

Ils avaient échangé leurs prénoms. Théo tenta alors une première familiarité.

— Et vous, Alice, parlez-moi de vous, enchaina-t-il.

— Je ne suis pas très bavarde. Je préfère pour l'instant récupérer tranquillement de mes émotions. Nous verrons tout à l'heure, après quelques verres de bon vin...

Théo se dit que la soirée serait plus animée que d'habitude !

Enfin...

Chapitre 10

Ils arrivèrent rapidement à Carentan et traversèrent la ville
déserte jusqu'à la gare. Alice avait demandé à Théo d'y
passer pour vérifier les horaires des trains pour Cherbourg. Il
était un peu plus de vingt heures. La station était glaciale.
Le grand hall où raisonnaient ses pas lui rappela le
réfectoire où elle retrouvait trois fois par jour ses compagnes
d'infortune dans le silence de cathédrale imposé par les
surveillantes.
Ceci lui revint brusquement, comme une gifle, inattendue,
douloureuse. La mélancolie et la joie se mélangeaient de
manière inhabituelle. Elle se reperdit dans ce passé récent.

*

La première vague fut un relent de mélancolie qui la
submergea. La séparation d'avec les autres pensionnaires
devenues des amies pour la plupart était encore très présente
dans sa tête. La promiscuité et l'isolement avaient favorisé
les rapprochements. À la cantine, elles n'hésitaient jamais à
partager leur maigre pitance lorsqu'une d'entre elles en avait
plus besoin que ses consœurs.
La joie de se rappeler les blagues de potaches du réfectoire
balaya son premier état d'âme.
Elle sourit en se remémorant le soir où, dans un brouhaha
assourdissant, tapant cuillères et couteaux sur les grandes

29

tables en bois, elles avaient réclamé le cuisinier pour le féliciter. C'était un des rares hommes à œuvrer à la Pureté, probablement le plus empathique avec elles.

Lorsqu'il était arrivé, il avait découvert une trentaine de paires de fesses complètement nues et largement offertes. Y compris celles des surveillantes qui avaient participé au jeu.

Ce pauvre Marcel, désemparé et plus rouge qu'un homard ébouillanté qu'il n'aurait jamais l'occasion de préparer pour les pensionnaires, n'avait pas réussi à s'échapper indemne de ces furies. Il avait fini dévêtu, en exposition devant ces dames, un couvercle de bassine dissimulant à peine une anatomie qui avait eu du mal à résister à l'appel de toutes ces sirènes.

Cet intense moment de partage et d'hilarité générale faisait désormais partie de la légende de la Pureté. Il alimenterait la chronique des années durant.

*

Alice ressortit du hall. Le premier train pour sa future destination était à neuf heures trente-deux le lendemain matin. Il serait un peu tôt. Elle aviserait sur le moment et s'accorderait la liberté de le rater. Enfin un horaire qu'elle n'aurait pas à respecter.

*

Le sourire aux lèvres, presque joyeuse, elle sortit et aspira à grands poumons la liberté retrouvée.

Dans la peu discrète voiture blanche, Théo, scrutant la voyageuse, se dit qu'en fin de compte cette femme avait un certain charme, celui au moins d'être au bon endroit au bon moment. Même si la tenue de celle-ci n'était pas très engageante, il avait envie d'en découvrir davantage à table.

Chapitre 11

Le diner était très agréable. L'ambiance feutrée et les plats généreux y contribuaient largement.

Alice dévora jusqu'à la moindre miette et sauça consciencieusement son assiette. Elle piochait de temps en temps dans celle de Théo, en lançant des clins d'œil maladroits.

Il y avait longtemps qu'elle n'avait pas mangé quelque chose d'aussi bien cuisiné, d'aussi chaud, d'aussi abondant.

Le vin rouge que Théo avait soigneusement sélectionné en tournant et retournant la carte, l'air soucieux et concentré — en fait, il n'y connaissait rien — libéra les esprits et délia les langues.

*

— Je n'ai pas toujours été aussi honnête que je le suis maintenant, confia Théo.

— Mon enfance a été difficile et je n'ai pas fait d'études. J'ai dû me débrouiller tout seul, dans la rue. Je n'ai pas connu mon père et ma mère travaillait comme garde-malade à l'hôpital de la Salpêtrière à Paris. Avec quatre gosses à sa charge. Tu peux imaginer la suite...

Cette première tentative de tutoiement fut couronnée de succès.

— Théo, je sors de prison. Tu dois le savoir.

Alice asséna sa vérité comme à son habitude, brusquement, sans aucune précaution.

Théo s'étrangla. Elle fut obligée de se lever précipitamment et de taper violemment dans le dos de celui qui, à moitié étouffé, devenait écarlate. Elle ne put alors contenir un immense fou-rire. Elle réveilla la dizaine de solitaires qui terminaient leurs hamburgers maison concentrés sur leurs téléphones portables.

— Décidément, ce n'est pas une très bonne journée pour toi, ajouta-t-elle, hilare.

*

Ayant à demi recouvré ses esprits, Théo écouta la suite.

Alice raconta son histoire. Partiellement.

« Victime d'une agression qu'elle ne détailla pas, elle avait pu retrouver le coupable et se venger de lui d'une façon violente, mais légitime et justifiée à ses yeux.

Le reste des événements s'était enchainé comme une série de dominos qui s'écroulent les uns après les autres. Un malheureux concours de circonstances l'avait mise en grande difficulté face à son ancien compagnon de vie et elle avait dû se défendre.

Condamnée à trois ans de prison, elle en avait effectué la totalité, malgré sa bonne conduite. Son tempérament revêche et indépendant ne lui avait pas permis de bénéficier d'une remise de peine.

Un séjour soi-disant réparateur de deux années au domaine de la Pureté devait la replacer sur le droit chemin. Elle avait partagé le quotidien de ces femmes désorientées, elles aussi en période de réhabilitation.

Elle en était sortie aujourd'hui même, pleine de sagesse, d'énergie et d'appréhension à retrouver un monde extérieur qu'elle n'avait pas côtoyé depuis plusieurs années.

Elle n'avait plus d'envies de vengeance — c'est du moins ce qu'elle affirmait. Elle voulait reprendre un travail et revoir sa famille. Elle lui avait soutenu être très impatiente ».

*

Elle se confiait sans détour, le regard fixe, direct, pénétrant celui de son interlocuteur.

Elle était sûre d'elle. Assumant ses gestes, revendiquant son bon droit et réclamant ses libertés, autant de mouvement que de pensée.

Théo était captivé, comme hypnotisé par tant d'autorité, de volonté et d'absence lapidaire de regrets. Tout cela lui rappelait une époque qu'il aurait voulu révolue, mais qui revenait à toute allure dans un coin de sa tête.

Il avait également gouté à la prison. Ses séjours avaient été beaucoup plus courts, plus nombreux aussi.

Chapitre 12

Alice engloutit la tarte fine aux pommes en une bouchée. La légère odeur de brûlé avait réveillé en elle un reste d'appétit.

Théo avait laissé sur le coin de son assiette la part généreuse de camembert qu'il avait l'habitude de consommer, probablement pour conserver une haleine la plus neutre possible.

Ils finirent la deuxième bouteille de vin, trinquèrent à leur rencontre et échangèrent un regard de connivence, comme s'ils allaient, tels Bonnie and Clyde à la belle époque, faire un sale coup ensemble.

— Tu m'accueilles dans ton repaire? questionna Alice, sûre de la réponse.

— En tout bien tout honneur, lui confirma Théo.

Chapitre 13

Théo réservait toujours la même chambre. Celle qui portait le numéro quatre, gravé sur une vilaine plaque de métal doré qui pendouillait au milieu de la porte. Elle était au premier étage. Il fallait contourner la réserve de linge au fond du couloir pour y accéder. Il l'avait voulue ainsi, isolée. En revanche, elle donnait sur la place centrale de Carentan, possédait la plus grande salle de bains et le meilleur réseau WiFi. Il sortait peu en ville et y passait ses soirées lorsqu'il était en déplacement dans la région.

Scotché à son ordinateur portable de longues heures durant, il naviguait de sites de rencontres en sites de comparatifs automobiles. Il lui arrivait d'accepter les sollicitations d'hôtesses en ligne, qui comblaient virtuellement sa solitude moyennant quelques dizaines d'euros. Il était bien plus à l'aise avec ces huis clos autant numériques qu'éphémères qu'avec ceux de la vraie vie, qui le tétanisaient. C'était probablement la conséquence d'une adolescence perturbée, d'une mère absente en même temps qu'autoritaire, ainsi que d'un parcours carcéral traumatisant dans les rapports avec les autres.

*

Le mobilier était sommaire. Un grand lit confortable camouflé sous une sorte de couverture, qui avait dû avoir fière allure quelques décennies plus tôt, trônait au milieu de la pièce. Théo s'était habitué à ce doudou improvisé, usé jusqu'à la corde et d'une couleur qui avait tiré vers l'orange à l'origine. Cette chaude présence le rassurait, voire le réconfortait.

L'unique table de nuit et le petit bureau en bois sombre s'accordaient tant bien que mal avec une armoire normande éclaircie, magnifiquement décorée et entretenue.

Une immense reproduction tentait désespérément de s'accrocher au mur en face de la fenêtre. Elle était perpétuellement de travers. L'intention était louable de permettre aux voyageurs de passage de s'évader un peu, la réalisation beaucoup moins. Un bout de côte de la Manche affrontait la tempête. Elle était hérissée de rochers noirs inhospitaliers et survolée par des mouettes affolées par les éléments déchainés, tout un programme...

Théo la glissait à chaque fois sous le lit.

Ce manque de modernité contrastait avec le personnage de Théo, toujours au goût du jour. Il trouvait en cet endroit un cadre propice à la détente et pouvait y évacuer la pression quotidienne des résultats et les relents d'une jeunesse hasardeuse.

*

Alice ne savait pas trop comment s'y prendre. Sa précédente relation avec un homme avait été ce viol à la Pointe. Le souvenir atroce de Sven, haletant, suant et râlant de plaisir solitaire, était à tout jamais gravé au plus profond d'elle-même. Son corps, son cœur et son esprit en porteraient toujours les cicatrices.

Elle fila dans la salle de bains, affolée par la situation. Son visage d'une pâleur extrême l'effraya lorsqu'elle se regarda dans la glace.

Elle fit couler une douche brulante, se déshabilla lentement, examina encore une fois la personne qu'elle avait du mal à reconnaitre et commença à se raisonner.

38

Après tout, les kilos pris ces dernières années lui allaient bien. Ces quelques rondeurs donnaient enfin du volume à une silhouette auparavant trop proche de celle d'une adolescente anorexique.

Bien sûr, elle était consciente que son épilation était approximative, sa toison trop abondante, et que ses ongles n'étaient pas faits. C'était à prendre ou à laisser. Si Théo l'acceptait telle quelle, ce serait un bon test.

*

Elle ferma le robinet d'eau chaude. Le flot glacé la saisit brusquement. Elle se remémora alors cette nuit noire et profonde dans le grand parc de la Pureté. Sous une pluie battante, tambourinant frénétiquement avec ses poings ensanglantés sur le tronc du plus haut chêne de l'allée, elle avait crié à s'écorcher la gorge qu'elle voulait redevenir une vraie femme.

Elle s'était promis de tenir cet engagement et de vaincre les démons qui l'empêcheraient d'avancer dans cette reconquête.

Serait-ce ce soir ?

Chapitre 14

Alice sortit de la salle de bains enroulée dans une grande serviette blanche brodée au nom de l'hôtel.

Elle était sûre d'elle.

Encore plus sûre que cette fameuse nuit où elle avait imaginé cet instant arriver.

Encore plus sûre que Théo, d'habitude si conquérant, qui attendait en tremblant comme un adolescent qui va perdre sa virginité, la couverture usée remontée jusqu'au menton.

Elle fit tomber le dernier rempart de sa nudité et se présenta fière et enjôleuse.

Tirant brusquement ce qui le dissimulait, elle constata avec satisfaction toute l'étendue de l'effet qu'elle pouvait produire sur un homme.

Gêné, Théo ne pouvait plus rien prétexter. Il n'y avait plus d'échappatoire, plus de faux-fuyant.

Décidément, il avait rencontré le diable, ou une de ses diablesses.

Elle s'empara de lui, de toute cette chair dressée pour son unique plaisir et le submergea de tendresse et de violence mélangées. Elle se libéra et s'accomplit enfin dans un cri qui résonna jusqu'à la mer. Son amant l'accompagna.

Chapitre 15

Leurs jeux d'amour durèrent des heures. Théo n'en sortit pas indemne. Épuisé, il s'endormit face à elle.

Elle lui trouva un air charmant, presque décalé. Sa bouille rondouillarde, sa barbe mal rasée, ses grands yeux clos toujours étonnés lorsqu'il était réveillé, ses cheveux droits sur la tête comme un iroquois et son ventre confortable lui plaisaient.

*

Elle passa le reste de la nuit à consigner dans son cahier toute l'étendue de son bonheur et toutes les craintes d'un avenir incertain qu'elle n'arrivait pas encore à cerner précisément.

C'est à six heures qu'elle s'écroula, épuisée, dans la même position que les policiers l'avaient trouvée à côté de son repère quelques années plus tôt. Elle était allongée sur le côté, recroquevillée. Mais elle n'était plus dans la fange. Elle n'était plus décharnée. Elle ne se protégeait plus.

Il était loin le temps des jouissances solitaires à la Pureté et de l'abandon d'un corps qui réclamait.

Toute cette soirée, elle avait enfin été deux.

*

Théo se leva une heure plus tard. Il osa quelques caresses affectueuses et un baiser discret sur le front d'Alice. Elle ne bougea pas.

Il se prépara en silence et se glissa dans l'humidité matinale pour aller négocier quelques nouveaux contrats.

Elle se sentait légère et libérée. Elle s'était éveillée lorsque Théo lui avait manifesté tous ces signes de tendresse.

Décidément, sa vie rebondissait de sales désillusions en bonnes surprises.

Arriverait-elle à avoir sa part de bonheur ?

*

Sa décision était prise désormais.

Elle profiterait encore quelque temps de cette nouvelle compagnie avant d'envisager un retour à Coutainville.

Chapitre 16

Alice s'était convaincue qu'il était temps de réagir et se remettre en forme. Les longues randonnées qu'elle adorait lorsqu'elle était à Coutainville l'y aideraient.

Après un copieux petit déjeuner, elle alla faire quelques achats dans le minuscule magasin de sport qui jouxtait l'hôtel. Sur la devanture était inscrit en grosses lettres « liquidation totale du stock, cessation d'activité ». De bonnes affaires en perspective, mais aussi le signe d'un stock au minimum. C'est ce qui se vérifia à l'intérieur puisqu'elle dut se contenter d'un jogging très masculin et d'un anorak léger beaucoup trop grand pour elle. Le vendeur l'avait persuadée de sa résistance aux forts crachins locaux. De toute façon, c'était le dernier.

Il lui conseilla une paire de chaussures de marche et un bonnet qu'il lui offrit.

Ainsi vêtue, elle ne ressemblait pas à une gravure de mode. Mais au moins elle passerait inaperçue et serait protégée.

*

Elle enchaina par une visite à la maison de la presse où elle prit le temps nécessaire pour découvrir tous les livres mis en valeur sur la grande table de l'entrée.

Que de retard accumulé ces cinq années…

Quelle frustration d'être passée à côté de nombre d'écrits intéressants...

Saisie d'une subite fringale de tous les dévorer sur place, elle en acheta une quinzaine parmi les récents best-sellers. Ils étaient tous d'auteurs et de genres différents.

Du premier qui avait pour propos la recherche du bonheur grâce à une communication harmonieuse avec ses semblables — un vrai sujet pour elle — au dernier, un roman policier, sombre et réaliste, qui avait reçu plusieurs récompenses.

*

De retour à l'hôtel, la patronne toujours aussi aimable lui fit préparer un généreux en-cas. Alice partit ensuite pour une longue virée. Elle s'était fixé un circuit jusqu'à la mer, représentant plus d'une dizaine de kilomètres.

Elle commençait à se reconquérir.

Libre, elle serait vraiment libre... enfin.

Chapitre 17

Ce jour-là, le coefficient de marée était exceptionnel. La mer découvrait très loin. Comme si un joyeux gobelin, démon espiègle, avait profité de la nuit pour faire une farce aux promeneurs du matin et avait volé toute l'étendue marine.

Arrivée sur la plage, Alice se mit pieds nus. Le premier contact avec le sable sec fut un délice.

Elle retrouva toutes les sensations qu'elle avait adorées.

La douceur des grains fins qui coulaient à travers chaque interstice des pieds, la caressant subtilement.

Les embruns odorants qui remontaient du large et trempaient la chevelure.

La violence des rafales du vent d'est qui réveillait des sentiments contraires.

Tout ceci lui rappelait les bons souvenirs des courses solitaires qu'elle menait en haut du luisant chaque soir pour dévaler ensuite, à perdre haleine, la pente légère qui allait jusqu'aux rigoles marbrant la partie dévoilée du rivage.

*

Elle cria sa joie à tue-tête puis se mit à courir jusqu'aux premiers rochers noirs aiguisés comme des couperets. Elle sentit de nouveau la froideur familière de l'eau qui tire-bouchonnait en de délicats bigoudis d'écume blanche.

*

Elle était à bout de souffle et redécouvrait, comme une enfant devant l'inconnu, toute la majesté et la puissance des paysages qui faisaient complètement partie de son être.

Elle resta accroupie, longuement, dans la même position que la dernière fois qu'elle avait côtoyé la mer.

C'était juste après son agression.

Hier, elle se purifiait.

Aujourd'hui, elle se régénérait.

Et c'était bon, particulièrement bon.

Un crabe vindicatif vint la provoquer, toutes pinces dehors. Elle s'en amusa et se dit que, comme pour elle, le chemin du petit assaillant avait toujours été de travers.

*

La remontée fut laborieuse. Le vent soufflait de biais et elle manquait sérieusement d'entrainement.

Arrivée aux enrochements qui protégeaient la digue, elle se coula entre deux énormes blocs de pierre et dévora les deux livres qu'elle avait apportés, l'un à la suite de l'autre, ainsi que son casse-croûte. Elle s'endormit ensuite pendant une longue heure à l'abri des rafales et sous l'agréable chaleur d'un soleil qui avait réussi à percer les lourds nuages du matin.

Le retour fut une formalité. Les réflexes revenaient vite.

*

Une fois à l'hôtel, coquette, elle s'arrangea, et mit l'unique robe qu'elle avait gardée de son séjour à la Pureté. Elle était particulièrement fière d'en avoir réalisé elle-même une grande partie. Un joli ruban chamarré décorait simplement l'encolure et l'extrémité des manches, brisant la monotonie d'un blanc uniforme et envahissant.

48

Et même si elle n'était pas trop moderne, ce léger charme suranné donnait à Alice l'air faussement innocent d'une jeune danseuse russe. Elle se souvint alors de Pavlova...

*

Elle attendit patiemment Théo, très décidée.

Elle avait pris goût à leurs récents ébats et comptait bien ne pas en rester là. Cette deuxième nuit confirma entièrement ces intentions.

Chapitre 18

Isabelle était assise en face de Louise, propriétaire de la maison qu'elle lui avait louée dans d'excellentes conditions.

*

Elle avait vidé la modeste habitation qu'elle avait partagée avec Sven pendant toutes ces années de galère. Ceci avait été rapide. Le mobilier était réduit au strict nécessaire et le confort avait été sommaire. Ils y avaient mené une vie austère, remplie de sacrifices et de douleurs, mais aussi d'une grande passion amoureuse.

Elle s'occupait de lui le plus discrètement possible, ne voulant pas qu'il soit repéré à cause de son passé chargé.

Les soins avaient coûté cher. Le pécule initial, résultat de travaux payés secrètement sous le manteau par les clients complaisants du garage avant leur fausse disparition, avait fondu. Isabelle était alors passée de petit boulot en petit boulot, s'asseyant sur sa fierté et s'investissant sans compter pour son compagnon.

*

Désormais, elle se trouvait à un carrefour de sa vie. Elle était seule, mais libérée du poids de ce double secret partagé avec le défunt.

Le viol où elle avait joué l'entremetteuse pour obtenir l'absolution de la victime et leur disparition simulée et dissimulée aux yeux de tous, y compris son propre fils.

*

Louise était devenue au fil de leurs rencontres sa seule véritable amie depuis son arrivée à Jersey.

Toutes les deux partageaient un thé dans la minuscule cuisine. Elles étaient silencieuses, accoudées à cette table toujours branlante sur laquelle Isabelle avait pris tant de repas solitaires à la va-vite.

Elle entendait de nouveau Sven geindre dans son fauteuil face aux feuilletons de la télévision locale auxquels il ne comprenait rien.

Elle le revoyait agiter la tête de ce mouvement pendulaire et répétitif qu'elle ne supportait plus.

*

Louise portait ce charmant prénom car elle était de souche française. Isabelle adorait quand elle lui racontait ses origines.

« Son père, Hugo de la Martinière, un fameux loup de mer, avait été découvert gisant nu sur la grève du port de Saint-Hélier,

Il était parsemé de profondes blessures probablement causées par de violents coups de fouet et d'estafilades de couteau de cuisine. Le mystère était resté complet autour de cette histoire. Vraisemblablement la vengeance d'un mari trompé.

Mary, la mère de Louise, qui allait au marché aux poissons à l'aurore ce jour-là, l'avait trouvé maugréant sa douleur parmi les algues gluantes qui l'avaient presque entièrement recouvert. Elle avait craqué devant le bel aventurier ».

De cette rencontre extraordinaire était née Louise, dont la splendeur n'avait d'égale que la rousseur exacerbée de sa longue chevelure qui inondait un généreux postérieur.

*

Puis les années avaient fait leur ouvrage.

Elle avait pris de l'âge, du poids et les longues soirées à aider au bar de sa fille l'avaient avinée.

Elle avait supporté vaillamment la disparition de son mari des suites d'une interminable maladie. Et même si sa pudeur naturelle l'avait conduite à rester discrète sur ce sujet, Isabelle savait que cette période avait été terrible. Mais elle conservait un charme fou. Elle était pétillante, gaie, et d'excellente compagnie.

Les aléas des vies contrariées des deux femmes les avaient rapprochées. Elles se retrouvaient souvent et Louise lui prodiguait quelques bons conseils, elle qui était passée par là quelques années auparavant.

Ce soir-là, elles se regardaient en silence.

Chapitre 19

La maisonnette surplombait la mer de plusieurs dizaines de mètres. Du haut de cette colline réputée pour son emplacement, la vue était magnifique et toujours renouvelée. Le bleu profond de l'eau zébrée de mousse blanche tranchait avec le vert humide des prairies qui le dominaient. Les taches bigarrées des coques multicolores des bateaux de pêche qui rentraient au port complétaient le tableau.

On entendait le bruit sourd des lames de fond qui tapaient les enrochements et faisaient leur travail de sape inexorable en toute impunité.

*

Une saute de vent soudaine fit claquer violemment le volet en bois décoloré par les embruns. Isabelle eut un sursaut. Louise sortit de sa contemplation.

— Tu vas vraiment partir ? questionna Louise, déjà inquiète de la réponse de son amie.

— C'est décidé. Encore quelques jours pour tout régler. J'embarque ensuite pour la côte. Je retourne à Coutainville retrouver ma famille.

— Tu ne crois pas que le choc puisse être trop dur pour elle ? Te revoir après tant d'années. Te revoir vivante !

— J'en ai besoin. J'ai trop souffert de cet éloignement. Quand Sven était là, je ne pouvais pas... insista Isabelle.

— Réfléchis bien. Si tu veux que je t'accompagne, n'hésite pas à me le dire, proposa Louise.

— J'y songerai. Merci.

Les deux complices s'embrassèrent affectueusement.

*

Isabelle nettoya la maison de fond en comble. Elle brula les vêtements et les affaires personnelles de Sven, à l'extérieur, face à la mer, comme il s'était éparpillé lui aussi, comme un dernier hommage, comme une libération. Il ne restait plus aucune trace de leur passage.

Elle avait décidé de partir seule et avait proposé à son amie de ne la visiter qu'une fois installée en France.

Elle passa la nuit chez Louise, en compagnie de sa fille. La veillée fut joyeuse et animée. La bière coulait à flots et rendait les femmes moins soucieuses. La plus jeune raconta avec un accent français à couper au couteau les croustillantes anecdotes des soirées les plus enflammées de son établissement.

*

À 8 heures du matin, Isabelle, heureuse et nostalgique à la fois, agitait une dernière fois la main en direction de son amie du pont le plus haut du « Sea Wolf ». Le vent glacé rosissait son visage émacié. Quelques larmes vinrent souiller un regard dorénavant tourné vers l'avenir.

La vedette qui faisait la liaison avec le continent démarra dans un bruit sourd, laissant derrière elle sa large trace d'écume et les souvenirs douloureux d'une mère traumatisée fatiguée par tant de sacrifices.

*

Attristée de voir partir son amie, Louise était de plus terriblement gênée.

Gênée de ne jamais avoir avoué à Isabelle que sa fille avait croisé le regard aux yeux vairons si particuliers d'un séduisant français qui s'était accoudé à son bar. Et qu'elle avait revu — une ou deux fois, semblait-il — sur le continent.

Chapitre 20

L'excitation était à son comble chez les Lecaplain.

Dans trois jours, ce serait le baptême des petits. Il n'y aurait qu'une seule célébration pour les deux enfants. Timéo et Nina seraient ensemble au frontispice de la jolie chapelle du haut du village.

Julie voulait les unir dans une solide et sincère fraternité qu'elle n'avait jamais vraiment connue avec sa sœur.

Tant Alice et elle-même étaient différentes.

Tant Alice lui avait fait de mal, la condamnant à supporter sa vie durant deux jambes fracassées après avoir été poussée du haut d'un plongeoir.

*

La réception qui suivrait la cérémonie religieuse aurait lieu au Manoir.

Un endroit magnifique où chaque coutainvillais rêvait de passer une nuit et déguster un plateau de fruits de mer dans la protocolaire salle à manger ancienne du rez-de-chaussée.

La vue sur le vieux village, cœur authentique de la station, était irremplaçable.

Utilisé comme lycée pendant la guerre, il avait accueilli les adolescents d'alors qui y avaient fait leurs études et construit leur avenir à l'abri de son large mur d'enceinte en granit gris et rosé. Julie avait souvent entendu cette histoire, racontée par une grand-mère friande d'anecdotes.

Entièrement rénové, il servait désormais de havre de repos à de fortunés clients qui pouvaient s'y détendre au calme dans une des grandes chambres magnifiquement dépouillées où silence et discrétion étaient de mise.

Quelques écrivains venaient s'y ressourcer et les golfeurs patentés savouraient le beau parcours qui longeait le marais sur plusieurs centaines de mètres.

Les touristes parisiens découvraient les pique-niques organisés en plein air à la Pointe par le propriétaire. Ils s'y rendaient dans une vieille 2 CV dont la capote était toujours tirée en arrière pour profiter des embruns qui pénétraient partout et du vent régénérant qui faisait claquer la toile du toit comme un drapeau sur un hauban en pleine mer.

*

Quentin avait sympathisé avec Alain-Paul Lecourbe, sémillant propriétaire du lieu. Il aimait à le surnommer « Le Châtelain ».

Son garage s'occupait avec soin des deux bateaux qui emmenaient les clients en excursion jusqu'aux iles Chausey. Alain-Paul veillait toujours à ce qu'ils soient en parfait état.

De plus, le bar à vin que Quentin avait récemment ajouté à sa palette d'activités professionnelles alimentait le Manoir en crus d'exception et en alcools réputés.

Il passait souvent voir « Le Châtelain ». Ils discutaient alors de la pluie et du beau temps pendant des heures autour de la grande cheminée du salon de réception en sirotant des cépages originaux.

*

Il avait introduit le projet de réception pour le baptême avec précaution. Alain-Paul n'était pas très favorable à l'organisation de fêtes, souvent sujettes à dégradations.

Quentin avait usé de beaucoup de diplomatie.

Le jardin serait utilisé pour un apéritif concocté par le maitre des lieux et sa cuisinière. La grande annexe, transformée en salle de concert, pourrait accueillir famille et amis, une centaine de personnes, pour le diner et la soirée dansante qui suivraient.

Le manoir lui-même ne serait pas accessible, ce qui avait fini de rassurer et de convaincre Alain-Paul.

Chapitre 21

Julie souffrait de plus en plus de sa jambe gauche. Une sérieuse infection nosocomiale avait nécessité une nouvelle opération. Elle tenait le cap tant bien que mal.

Quentin, très inquiet de la suite des événements pour son épouse, avait de son côté pris deux semaines de congés pour s'occuper de l'organisation du baptême.

Il voulait quelque chose de mémorable. Et de rapide, même si les enfants étaient encore jeunes. Julie devait pouvoir en profiter.

Il y manquerait bien évidemment Isabelle, sa mère, impossible à oublier. Il fallait tourner la page.

Le temps pressait.

Chapitre 22

Alice était confortablement installée sur le petit balcon de la chambre qui donnait sur le port. Allongée sur un simple pliant, elle sirotait un jus de fruit en regardant les touristes traverser à pied de la jetée jusqu'à l'ile de Tatihou, devenue une presque-ile. À marée basse, le chenal était praticable.

Le périple durait à peine vingt-cinq minutes, si l'on avait pris soin de chausser de solides bottes qui ne craignaient pas l'eau salée.

Elle avait fait elle-même plusieurs fois le parcours. Sur place, elle parcourait assidûment la trentaine d'hectares qu'elle connaissait désormais par cœur et s'étendait dans l'herbe à l'ombre de la tour Vauban pour de longues pauses. Elle profitait alors du soleil à l'abri des bourrasques qui venaient du large et courbaient tout sur leur passage. Elle lisait, avide de nouvelles histoires et d'horizons étrangers, curieuse de toutes ces aventures dont elle aurait bien aimé être en même temps l'auteure et l'interprète.

*

Elle se sentait épanouie et avait retrouvé une silhouette de sportive malgré la maternité qui s'annonçait. Elle était certaine d'être enceinte, de nombreux tests de grossesse l'avaient confirmé. Théo, lui, l'ignorait.

Alice en avait voulu comme géniteur de son enfant, pas plus. Et surtout pas comme un père.

Elle s'enfuirait au moment opportun et l'élèverait seule. Elle en avait décidé ainsi. Puis elle retournerait à Coutainville dont elle avait caché l'existence à Théo et démarrerait une nouvelle vie, qu'elle désirait sereine et responsable.

Chapitre 23

Théo n'était pas un mauvais bougre. Toujours gai, parfois un peu rustre, il amusait sa compagne. Ses vilaines combines la divertissaient quand il les lui racontait.

Il était amoureux, follement, sous l'emprise totale de cette personnalité incroyablement autoritaire et affectueuse en même temps. Était-ce la mère et le père qu'il n'avait jamais eus ? Probablement.

Alice, quant à elle, devenait gourmande. Elle avait pris goût au luxe des bons hôtels et des restaurants gastronomiques. Elle s'habillait des meilleures marques et le budget de Théo s'en trouvait fortement grevé. Ses manigances ne lui rapportaient plus assez.

Il rêvait d'une vie différente.

*

Il s'imaginait tous les deux riches et heureux, très loin, dans les iles. Il comblerait Alice au-delà même du superflu. Ils élèveraient leurs enfants là où les coraux multicolores étaient comme des arcs-en-ciel perpétuels.

Et pour cela, il devrait se procurer suffisamment d'argent. Il aurait à franchir la ligne jaune. C'était une évidence. Il le ferait pour elle.

*

Théo dormait mal. De plus en plus mal. Fumant cigarette sur cigarette, il cogitait la nuit, profitant de ses fréquentes insomnies pour peaufiner son plan sur le petit balcon.

Il en parlerait à Alice. Il ignorait quand et comment. Mais le plus tôt serait le mieux.

Serait-il assez crédible pour éviter l'humiliation d'une sévère moquerie ?

Serait-elle assez folle et convaincue pour l'accompagner dans cette aventure risquée ?

C'est plein d'incertitudes qu'il prit sa décision.

*

Théo contemplait Alice qui s'agitait dans son sommeil. Il savourait son sourire ou caressait son front lorsque sa bouche se crispait et qu'elle commençait à hurler. Pour la calmer, la soulager.

Comment aurait-il pu savoir que, dans ses rêves , une chatte immaculée aux yeux rouges miaulait de désespoir depuis plus de six années, qu'un rire franc éclairait le regard différent de son premier amant dans le ressac bouillonnant, qu'une sœur geignait comme une écorchée vive sur ses jambes brisées à tout jamais ou qu'un salaud profitait d'elle à la Pointe... ?

Ce matin-là, avant de se lever pour aller faire sa tournée, Théo l'effleura encore une fois, délicatement. Elle dormait dans sa position habituelle, recroquevillée comme une enfant qui se protège ou qui se souvient lorsque sa mère était encore un cocon tutélaire. Il devait la réveiller. Il devait l'informer.

Il tapota son épaule.

*

Alice se retourna brusquement, furieuse d'être réveillée aussi tôt. Ça commençait bien !

— Bonjour, murmura Théo.

Il évitait d'être trop affectif. Un récent « ma chérie » lui avait valu une sérieuse remontrance et une journée entière sans un seul mot.

Elle grommela un semblant de bonjour qui n'avait rien d'accueillant ni de très engageant.

— Je dois te parler de quelque chose d'important... qui va changer ta vie, et la mienne.

— Je t'écoute...

Chapitre 24

Ainsi habillée, entièrement en noir, une cagoule sur la tête, Alice se trouvait ridicule. De plus, elle avait du mal à respirer et se disait que si leur coup était bien préparé, se grimer de cette manière n'avait aucun sens. Autant mettre un peu plus d'adrénaline et opérer à visage découvert. Elle enleva son masque. Elle était écarlate et transpirait à grosses gouttes. Elle commença à rire franchement, découvrant son compagnon affublé de la même manière, comme s'ils faisaient tous les deux une bonne blague. Ce n'était vraiment pas le cas et Théo le voyait d'un autre œil.

Il était liquéfié sous son déguisement.

*

Le plan était au point. Ils avaient repéré les lieux puis répété leur rôle respectif. Dans la petite chambre de l'hôtel, les simulations des événements avaient prêté à de nombreux fous rires. Ils s'étaient bien amusés. Comme des enfants jouant aux Cow-boys et aux Indiens.

*

Cette épicerie fine, couvrant presque un quartier entier, était une gloire locale. La preuve que l'on pouvait développer des affaires en province et en faire quelque chose de rentable.

Théo avait visité ce prospect quelques semaines auparavant en compagnie d'un partenaire capable de mettre en place les solutions qu'il proposait. Il avait ainsi pu repérer la face cachée de l'établissement et en particulier le dédale de couloirs qui isolaient la partie administrative de celle réservée à la clientèle. L'entreprise s'était étendue et les rachats successifs de plusieurs maisons d'habitation avaient créé un assemblage pas très heureux où il était difficile de circuler.

*

Accueilli en fin de journée dans le bureau du responsable informatique, il avait participé d'une oreille distraite au rendez-vous.

Sur la porte de la pièce voisine, il était écrit en lettres capitales Julien Lesac — Chef Comptable.

Théo avait eu le regard fixé sur le flot quasi ininterrompu de grosses enveloppes gonflées sur lesquelles ce collaborateur zélé apposait avec un certain cérémonial sa signature. Celui-ci ouvrait ensuite précautionneusement le coffre-fort bombé à la peinture écaillée qui faisait penser à un réfrigérateur démodé.

Durant l'entretien, il avait été nécessaire d'échanger sur les bases économiques de l'entreprise afin de bien dimensionner les volumes de données et de faire une proposition d'architecture externalisée adaptée.

Théo avait été surpris par les sommes évoquées. Il transitait plus de 30 000 euros par jour et une majorité de ceux-ci était en liquide. La recette était collectée tous les jours dans de petits sacs en toile, puis consolidée dans de plus importants toutes les semaines, pour être glissée finalement dans les grands emballages.

Le montant représentait au total plus de 180 000 euros, l'épicerie étant ouverte six jours sur sept.

Julien Lesac remettait alors le tout tous les quinze jours au contrôleur financier pour le confier à une compagnie spécialisée chargée de le déposer à la banque locale.

10 années de salaire pour Théo à portée de sa main.

Le jour du rendez-vous, le comptable était parti en même temps qu'eux à plus de 21 heures 30.

Il l'avait signalé en plaisantant à son interlocuteur qui lui avait indiqué qu'il était coutumier du fait. Son métier était sa seule occupation depuis que son épouse l'avait quitté, avait-il ajouté dans un demi-sourire.

Chapitre 25

Théo força la porte de derrière, celle qui donnait accès au long dédale de couloirs desservant les bureaux. Il était sorti par cette issue lors de sa réunion et elle lui avait paru être la plus discrète.

Alice était très excitée.

— Enfin avoir une bonne dose d'adrénaline, pensait-elle.

Ceci la changerait d'un quotidien beaucoup trop calme pour elle.

*

Ils avançaient dans la pénombre, comme des chats, distinguant à peine les différentes portes. Théo avait un souvenir précis des lieux et son instinct de chasseur ne l'avait pas abandonné, réminiscence d'une jeunesse où ce genre d'exercice lui était familier.

Au fond du couloir, une lumière crue provenait du bureau de Julien Lesac. Il fit signe à Alice de ralentir et de se baisser.

Après s'être accroupi en dessous des larges ouvertures vitrées qui donnaient un peu d'espace et de clarté à cet endroit confiné, Théo remit sa cagoule, encourageant sa complice à faire de même.

Elle refusa, une terrible lueur froide dans le regard. Il en frissonna puis se ressaisit. Après tout, c'était elle qui décidait de son avenir.

Après avoir sorti une longue matraque de son blouson de cuir noir, il la soupesa dans sa main gauche, comme pour vérifier qu'elle était assez robuste pour assommer sa cible.

Avec une souplesse et une vitesse que ne soupçonnait pas Alice, il surgit dans le bureau en hurlant un théâtral « personne ne bouge » comme le héros d'une mauvaise série télévisée faisant son premier casse dans une agence bancaire de banlieue.

Si tout cela n'avait pas été bien réel, la scène aurait pu prêter à sourire.

Ce que fit Alice.

*

Julien Lesac était penché sur l'écran de son ordinateur, grognant et gesticulant derrière de grosses lunettes d'écaille. Celles-ci lui permettaient sans doute de mieux déguster les appétissantes rondeurs de l'hôtesse qui se trémoussait laborieusement devant sa webcam, justifiant ainsi les quelques euros que son client venait de dépenser.

Il sembla à Théo qu'une des mains du comptable s'occupait minutieusement de sa propre anatomie plutôt que de saisir les dernières factures des fournisseurs.

Le coup asséné à la tête fut brutal et la victime s'écroula de son siège pour heurter violemment le coin du bureau. Un bruit mat accompagna le choc et Julien Lesac se retrouva inconscient sur la moquette. Le sang commença à recouvrir les nombreuses taches de café qui l'avaient déjà souillée.

Théo paniqua. Il enleva sa cagoule pour respirer convenablement et essuyer la sueur qui lui brulait les yeux. Alice se porta à la rescousse et lui épongea le front. Impassible, froide, rien ne paraissait la troubler. Elle ne daigna même pas regarder le blessé qui geignait faiblement.

*

Le coffre était ouvert. Théo s'en doutait. La pile d'enveloppes occupait tout l'étage supérieur. C'était la recette complète des deux dernières semaines.

Son cœur battait la chamade. L'excitation et le stress de la situation le paralysaient. La tension était palpable, le silence étouffant, la chaleur moite. La suspension, qui avait été heurtée au passage par la matraque, se balançait au rythme de la respiration ralentie de la victime. La lumière blafarde balayait la cruauté de la scène et accentuait les ombres. La mare de sang semblait gigantesque.

— Réagis, ordonna Alice.

*

Elle-même restait imperturbable.

Elle avait ouvert le grand sac de sport prévu pour l'occasion et le remplissait des fameuses enveloppes. Le bruit des billets froissés était agréable dans tout ce qu'il représentait d'interdit. Alice les manipulait avec une délictueuse délectation en faisant au passage des clins d'œil complices à Théo.

Le bas du coffre recelait une mallette en cuir dont s'empara Théo, sans en regarder le contenu au préalable. Conservée comme cela au secret, elle devait forcément avoir de la valeur.

Julien sortit progressivement de sa catalepsie. Il murmura un faible au secours et tenta de s'approcher du petit bouton rouge dissimulé sous le tiroir du bureau.

Alice lui décocha un terrible coup de pied dans le thorax qui lui coupa à la fois la respiration et toute velléité de s'aventurer plus avant.

Il était maintenant temps de déguerpir et d'immobiliser l'unique témoin de la scène. Théo utilisa une large bande collante pour neutraliser les jambes et les poignets de sa victime et s'en servit aussi pour le bâillonner...

*

Alice se redressa et s'approcha de l'homme étendu par terre, une lueur assassine dans le regard. On aurait dit une chasseuse sur le point de donner l'hallali à une proie inoffensive déjà mourante.

Elle le fixa droit dans les yeux, lui ordonna de faire pareil. Elle le braquait sans ciller, sans montrer la moindre émotion.

Elle sortit un long couteau dont la lame parfaitement aiguisée reflétait le halo de la lampe du plafond qui avait suspendu son mouvement lancinant comme pour mieux se délecter du spectacle.

Levant haut les bras, les deux mains jointes comme en prière autour de l'épais manche, elle visa le cœur de Julien qui, d'abord tétanisé, fut pris de tremblements convulsifs.

Théo observait la scène, pétrifié.

Chapitre 26

C'est à quelques kilomètres de Barneville que les deux fugitifs firent une pause. Ils avaient emprunté une étroite sente creusée dans la dune et surmontée de nombreux joncs fièrement dressés comme les dents d'une herse censée les protéger. La température était clémente et le vent était tombé. Était-ce annonciateur d'une belle soirée ?

Ils avaient roulé pendant plus de deux heures, faisant de multiples détours pour semer d'éventuels poursuivants, sans échanger un seul mot. Le dernier mouvement d'Alice avait effrayé Théo. Il n'était pas du tout rassuré et surveillait sa compagne discrètement. La somme dérobée devait être importante — ils ne l'avaient pas encore évaluée précisément. Finalement, tout ceci l'inquiétait plus que ça ne le rassérénait.

Le rire sardonique qui avait tordu le visage d'Alice au moment de son geste l'avait glacé. Et le regard qu'elle avait adressé au pauvre comptable impuissant sur le sol resterait à jamais gravé dans son esprit.

Elle était imprévisible. Peut-être devrait-il s'en méfier.

*

Heureusement, elle n'était pas allée jusqu'au bout de son geste. Elle s'était servie de cette menace pour lui intimer le

79

silence dans ses futures déclarations sous peine de représailles sanglantes.

*

Arrivés à une sorte de petit parking en bordure de la plage, ils laissèrent la voiture. Inutile d'aller plus loin, ils risquaient l'enlisement.

Théo se saisit des deux sacs qui contenaient le butin et Alice courut jusqu'à la mer, pleine à ce moment de la nuit.

Une belle lune entière faisait danser le haut des vagues en une multitude d'éclats bruts de lumière. Celles-ci s'enroulaient alors sur elles-mêmes jusqu'à ses pieds dans un sourd grondement qu'elle connaissait par cœur.

La solitude du lieu, l'harmonie des bruits et des couleurs, les senteurs du large, tout cela avait immuablement le même effet sur elle. C'était une intense émotion qui parcourait son corps comme une décharge d'adrénaline, ou comme cette jouissance physique lorsqu'elle fermait les yeux et s'abandonnait lentement en serrant son amant.

*

Elle se déshabilla et se présenta nue à cette immensité.

Il était temps pour elle d'aspirer à pleins poumons cet air régénérateur et de recevoir en pleine face plus de trente années de souvenirs délicieux.

Il était temps pour lui de déguster encore une fois la cambrure et la peau blanchâtre de ces fesses qu'il aimait tant.

Elle se tourna légèrement pour lui faire un signe et se mit de profil. Il sembla à Théo qu'elle s'était arrondie. C'était probablement la faute à cette vie de pacha qu'ils menaient depuis ces dernières semaines. Il n'y fit guère attention.

Elle tira gracieusement ses cheveux en arrière et avança sans hésitation dans la mer jusqu'à la poitrine. Elle frissonna un peu, le bout de ses seins se durcit au contact de l'eau glacée et elle s'abima en silence dans la noirceur de l'immensité.

Théo la perdit de vue quelques instants. Elle réapparut, radieuse et heureuse. Elle remonta trempée et s'offrit à lui sans un mot.

Chapitre 27

Leur amour ne dura pas très longtemps, la tension de la soirée les fit se libérer rapidement chacun de leur côté.

Alice s'endormit à même le sol. Théo la couvrit des vêtements éparpillés sur le sable.

Il lui revint cette chanson où l'on disait que les deux héros amants étaient comme deux gangsters qui allaient braquer le bonheur. Ils avaient réussi les leurs de braquages : ceux de l'argent et du plaisir.

Il était heureux et inquiet à la fois.

Que pouvait-il y avoir exactement dans la tête de cette femme, lovée sur elle-même, assoupie profondément sur cette plage, abandonnée à la merci de tout ?

Il ne le saurait probablement jamais.

*

Il remonta jusqu'à la voiture, se saisit d'une couverture, l'enroula autour de lui et commença à compter son butin assis face à la mer.

Le sac contenait plus de 300 000 euros. La mallette, elle, quelques papiers administratifs auxquels Théo ne comprit pas grand-chose. Une grande enveloppe en kraft cachetée l'interpella. Il s'empressa de l'ouvrir.

Elle renfermait plusieurs reconnaissances de dettes et de nombreuses photos compromettantes prises lors de soirées très animées. On y distinguait des corps enchevêtrés dans des positions qui ne laissaient pas de doute quant à leurs occupations. Un personnage revenait souvent sur le devant de la scène, de même que son anatomie qui, là aussi, était révélatrice de l'instant. Toujours masqué, il y avait dans son regard quelque chose de spécial.

Au dos, il était griffonné quelques commentaires, et des noms, des lieux, des dates. Le même endroit figurait de façon récurrente « Château d'Equerdreville en Vast ». Il refermait soigneusement l'enveloppe lorsqu'une minuscule clé USB tomba dans le sable. Il la mit à l'abri avec les billets et se promit d'en examiner le contenu plus tard.

Il devait maintenant se reposer et repenser à l'organisation de la journée qui arriverait avec son probable cortège de recherches policières. Il fallait suivre le plan tel qu'ils l'avaient envisagé et s'enfuir au plus vite.

*

Le sommeil le gagnait et la tête lui tournait. Les mauvais jours de sa jeunesse, les passages à tabac dans la prison, les rendez-vous interminables chez les clients, les soirées de partage avec sa chérie, l'espoir d'une vie meilleure, le hold-up de la veille, tout ceci se mélangeait.

Il se glissa dans la voiture pour dormir quelques heures à l'abri.

Alice le surveillait.

Chapitre 28

Lisa était triste et inquiète. Se retrouver seule sans sa fille ne lui convenait pas.

Celle-ci, Morgane, avait décidé de s'expatrier.

Une excellente raison humanitaire avait présidé ce choix, mais ce voyage en Afrique Centrale était dangereux. Cette région du monde était perpétuellement en proie à des guérillas tribales où chaque ethnie s'acharnait à vouloir rayer l'autre de la carte. D'ailleurs, les informations de la veille avaient encore signalé des incidents. Morgane avait signé son premier CDI à la sortie de ses études.

Son employeur lui avait proposé de rejoindre les équipes sur place qui installaient des systèmes de forage automatisés permettant à la population locale d'avoir suffisamment d'eau.

Et dire qu'ici c'était l'inverse... l'eau, il n'en manquait pas.

*

Le bar était vide. Les habitués du petit déjeuner de la première heure avaient pris leur travail et les touristes étaient encore sous la couette à l'abri dans leurs camping-cars.

Elle se prépara un café crème et se tartina une demi-baguette au beurre salé. Elle s'installa devant la grande baie qui donnait sur la digue.

Le temps était affreux.

Le vent venait du large et arrivait avec son cortège de mauvaises nouvelles. Des rouleaux écumants mêlaient avec fracas toutes les nuances de blanc, de vert et de marron. Lorsqu'ils heurtaient de plein fouet les gros enrochements qui protégeaient les premières lignes, des gerbes de mousse et d'embruns se collaient sur les vitres, comme pour mieux se faire respecter de cette spectatrice impudique.

Lisa adorait cette ambiance : les bruits rageurs et la fureur de cette masse liquide invincible, les brusques et soudains rayons de soleil déchirant la tempête, le romantisme exacerbé des éléments déchainés... Tout ce qui manquait dans sa vie.

Elle resta longtemps à contempler la mer qui chahutait ses pensées.

*

Vers dix heures, Katia sortit Lisa de sa rêverie. Son habituel généreux bonjour la fit sursauter.

— Toujours en train de mouronner ? plaisanta-t-elle.

— Un peu. Je me disais que je n'étais pas en face de la bonne mer, celle qui me permettrait d'apercevoir ma fille...

Lisa soupira.

Elles s'embrassèrent du bout des lèvres. Katia était trempée par les quelques mètres qu'elle avait parcourus depuis sa voiture sous les draches qui cinglaient les visages.

Elles partagèrent un copieux petit déjeuner — le deuxième pour Lisa qui avait une grosse fringale. Elle mangeait peu le soir, ne trouvant pas de plaisir à cuisiner lorsqu'elle était seule. Ce qui était fréquent.

*

Elle avait eu une aventure avec Alain qui n'avait pas duré. Celui-ci n'avait pu se résoudre à casser définitivement son couple.

Était-ce dû à un manque de courage de sa part ou un quelconque espoir que les relations s'arrangent avec sa femme ?

Lisa ne l'avait pas su. Elle conservait tout de même un excellent souvenir des bons moments passés avec son flic, comme elle aimait à l'appeler.

Cette liaison stoppée nette trop tôt pour elle avait fait l'objet de nombreuses plaisanteries avec Katia, devenue très proche au fil du temps. Maintenant, il valait mieux s'en amuser.

— Pour un policier de cet acabit, ce n'était pas un très gros calibre, avait-elle avoué dans un énorme éclat de rire comme par vengeance.

— Est-ce que c'était un six coups au moins ? avait répliqué Katia qui adorait ce genre de calembours.

Depuis cette aventure, le sujet revenait de façon récurrente et était toujours soumis aux mêmes railleries.

Alain évitait soigneusement le centre-ville. Il avait prévenu son ancienne maitresse qu'il serait prochainement muté.

— Une autre bonne raison de ne pas continuer, avait-il confié à Lisa.

Chapitre 29

— Veux-tu enfin mettre le nez dehors cette semaine ? demanda Katia.
— Pourquoi pas ? Un bon restaurant suivi d'une virée en boite de nuit ?
— Tu organises la soirée ? Jeudi ? proposa Lisa.
— Je préviens mon mari que je ne rentrerai pas avant le weekend. Tu as intérêt à te faire belle. Je sortirai le grand jeu. Ils n'auront d'yeux que pour moi.
Katia se leva et se dirigea vers la porte de cette démarche chaloupée que s'entêtent à utiliser les mannequins sur les podiums.
— Tu dis n'importe quoi ! Je suis très bien conservée, protesta Lisa.
Les deux amies se quittèrent sur cette note optimiste.
Un groupe de touristes joyeux et bruyants entra dans le bar. Tout cela remit du baume au cœur de Lisa qui se rendit derrière son comptoir.
Katia alla ouvrir son magasin. Il était temps. Il était plus de onze heures.

*

Lisa n'avait pas eu l'occasion de sortir depuis quelque temps. Elle voulait en profiter, égoïstement. La semaine fut longue. Elle attendait jeudi avec impatience.

Cela lui parut une éternité. Les clients étaient rares à cette époque et elle n'avait pas eu de nouvelles récentes de sa fille.

*

Le jeudi soir, les deux complices se retrouvèrent chez Katia. Elle était superbe comme d'habitude.

Elle avait récemment repris la bijouterie fantaisie de la place centrale à côté de la confiserie et profitait donc d'un grand choix pour assortir ses tenues avec les accessoires appropriés.

Elle était naturellement élégante et ses cheveux noir corbeau coupés très courts faisaient mouche.

Lisa se demandait comment elle avait fait pour entrer dans un fourreau aussi ajusté. Il ne laissait rien ignorer de son anatomie. Précisant sa silhouette impeccable, il mettait en valeur sa poitrine ferme et parfaitement dessinée.

Noire de la tête au pied, sa robe n'était éclairée que par un imposant collier en argent piqueté de faux diamants qui scintillaient comme la crête des vagues sous la lune.

Le reste était à l'avenant et Lisa en était presque jalouse. Elle accusait une bonne quinzaine d'années de plus.

Elle avait été plus mesurée dans sa tenue de soirée. Un jean moulant façon cuir complétait un vaporeux chemisier bleu en soie. Léger et aérien, il bougeait avec elle au rythme de ses mouvements et lui donnait un air de ballerine. Les talons très hauts allongeaient un maintien que beaucoup d'adolescentes auraient aimé posséder.

Ses cheveux retenus en arrière soulignaient un visage autoritaire, mais aimable. La bouche, dont on aurait voulu déguster la moindre parcelle, était sculptée par un rouge à lèvres gourmand qui la rendait encore plus pulpeuse.

Après s'être longuement et chaudement félicitées, les deux amies se mirèrent afin d'ajuster les derniers détails et partirent à l'aventure.

*

La première étape s'appelait « La goélette ». C'était un des restaurants les plus réputés de la région. Spécialisé dans la cuisine moléculaire, il attirait les fins gourmets de tout le département et conservait une cote importante malgré des tarifs prohibitifs. Il fallait réserver des semaines à l'avance. Katia, qui comptait la patronne de l'établissement parmi ses plus fidèles clientes, avait obtenu un passe-droit.

Elles arrivèrent pile à l'heure, s'installèrent à leur table et commencèrent par un apéritif maison conseillé par le sommelier. Tous les regards — surtout les plus concupiscents — s'étaient fixés sur elles dès leur entrée. Que penser de ces deux magnifiques femmes dinant ensemble sans aucune compagnie masculine ?

*

Loin de toutes ces considérations, Lisa leva son verre pour trinquer avec son amie quand son visage se figea. Elle devint brusquement d'une blancheur extrême.

Juste derrière l'épaule de Katia, le profil de la personne seule à sa table ressemblait furieusement à celui d'Alice...

Chapitre 30

Théo se réveilla en sursaut.

Il était agité et partagé entre des sentiments contraires : l'excitation d'avoir réussi un bon coup et d'avoir prouvé son courage auprès de la femme aimée et l'angoisse d'être repéré et de retourner en prison. Il ne supporterait pas cette deuxième hypothèse.

*

Les vitres de la berline étaient couvertes de buée et il ne distinguait pas très bien l'extérieur, tout juste une jolie lueur orangée synonyme de lever du jour.

Cette nuit, il s'était recroquevillé dans l'épais siège en cuir et avait dissimulé le sac contenant l'argent et les documents sous lui avant de s'endormir.

*

Une décharge d'adrénaline le cloua sur place. Il tremblait de tous ses membres.

Le sac n'était plus là.

Pétrifié, la respiration bloquée, il ne savait plus quoi faire, quoi penser.

Il constata qu'il était immobilisé à l'intérieur de sa propre voiture après avoir vainement appuyé sur le verrou de la porte pour s'échapper. Il en était de même côté passager.

Il était pris au piège et s'attendait à entendre la police lui ordonner de sortir les mains en l'air et de se rendre.

*

Rien ne vint.

La clé avait disparu de son emplacement habituel sur le tableau de bord. Il était impossible de s'extraire.

Complètement effaré, ayant essuyé les grandes vitres du coupé pour voir à l'extérieur et appeler Alice à la rescousse, il ne put que constater son absence. Elle n'était plus sur la plage.

À sa place, un dessin avait été tracé. Il était semblable à ceux que font les enfants sur le sable à la marée descendante. De là où il était, il ne distinguait pas ce que cela représentait.

— La salope... putain de putain d'enfoirée... je me suis fait baiser...

Les mots fleuris du vocabulaire de son adolescence se bousculaient dans sa tête. Plus de fioritures, plus de sentiments. Il s'était fait avoir par une inconnue qu'il avait cru séduire. Il tombait de haut et s'en voulait.

Chapitre 31

Théo s'affolait. L'urgence était à se libérer. Il ruminerait sa vengeance plus tard.

La pression montait et tout se mélangeait dans sa tête. Il devait se calmer, respirer et envisager toutes les solutions potentielles.

Le sang-froid était le meilleur des remèdes, le meilleur des alliés, comme quand il avait été soumis en prison à la dure loi du milieu. On ne lui avait donné que deux choix. Se transformer en arpette du caïd ou se retrouver crucifié dans les douches. Il avait pris du recul et analysé le plus sereinement possible la situation. Il était alors devenu le lieutenant complaisant de la brute épaisse qui régnait sur le quartier où il était consigné en même temps que l'indicateur utile de la police intérieure de l'établissement.

Jongler avec les aléas, c'était le résumé de sa vie. Il fallait y arriver encore cette fois-là.

*

La solution la plus rapide, et radicale, était de briser les fenêtres. Comment? Il se le demandait. Craignant d'avoir à justifier ce geste auprès d'un garagiste probablement curieux et sceptique, il y renonça.

La deuxième était de passer par le coffre. Il savait que son véhicule possédait une ouverture d'assistance. C'est la voie qu'il choisit.

Il s'insinua laborieusement entre les deux sièges, regrettant les kilos qu'il avait en trop. Il réussit à atteindre la banquette arrière, la déverrouilla et put ainsi se glisser péniblement dans la malle. À l'intérieur, le petit loquet de protection caché derrière la trousse de premiers secours ne fut pas facile à faire sauter. Il y arriva après s'être allongé des quelques centimètres qui lui manquaient, non sans s'être distendu tout l'extérieur du bras gauche. La gâche se libéra dans un claquement sec. Il n'y voyait plus rien, aveuglé par la saumure qui coulait de son front.

Le lourd couvercle qui l'emprisonnait se releva et Théo put enfin remplir ses poumons d'un bon air frais et savourer la liberté retrouvée.

*

Sur la plage, à l'endroit où Alice avait dormi, un grand cœur était tracé à même le sol. En son centre se trouvait un petit paquet qui contenait les clés de la voiture. Un minuscule morceau de papier était accroché à celles-ci.

Il y était écrit, d'une main qui n'avait pas tremblé, en lettres capitales :

« TU T'ES LIBÉRÉ, BRAVO. JE N'AVAIS AUCUN DOUTE. MAINTENANT, FAIS MARCHER TES MÉNINGES »

« 1 + 1,5 = 2 (FOIS 10) »

« 3 FOIS 20 EST SUPÉRIEURE À 60 »

Théo recommença à maudire Alice. Son esprit torturé, perpétuellement inventif et à l'affut, se délectait de ces devinettes complexes. Elle testait ainsi ses interlocuteurs. Elle le mettait encore une fois à l'épreuve.

Il phosphora pendant de longues minutes pour décoder l'énigme. Cela prendrait le temps qu'il faudrait.

Il se promit qu'une fois la solution trouvée, il la chercherait jusqu'au bout du monde pour fêter « dignement » leurs retrouvailles.

Chapitre 32

Installé au plus profond de son fauteuil de style anglais, Quentin était songeur. Troublé. Rempli de sentiments contraires qui se bousculaient dans sa tête et le perturbaient.

Au bout de la digue nord, la magnifique maison en bord de mer qu'il avait fait édifier l'année dernière dominait de sa superbe les autres bâtisses plus traditionnelles. Une sorte de blockhaus moderne qui, à la différence de ce type habituel de construction, possédait de très larges ouvertures vers le phare du Sénéquet et les alignements réguliers des tables à huitres.

Par temps clair ou lorsque la pluie avait lavé le ciel, on apercevait les iles Chausey, roches sombres splendides sorties de l'eau comme par la magie d'un peintre inspiré. Il y faisait de nombreuses virées avec ses copains et adorait les regarder.

En poussant le coup d'œil vers la droite, avec l'aide de fortes jumelles, on voyait distinctement Jersey. Là où quelques années plus tôt il avait retrouvé le goût de vivre avec son meilleur ami Alain.

Il tentait de compenser toute cette sale histoire avec Alice et la disparition de sa mère. Les deux avaient laissé des traces indélébiles.

*

Un premier sentiment l'animait. Le profond bonheur d'avoir enfin un deuxième enfant. Il l'avait attendu celui-là... Trois années pleines pour décider Julie d'accepter. Sa patience avait été mise à rude épreuve et il avait failli la perdre. Pour aller voir ailleurs.

Désormais, sur ce point-là, il était heureux. Le choix du roi — un fils magnifique et une fille resplendissante — le comblait.

Ces deux merveilleux bambins dont la joie de vivre éclatait au quotidien l'obligeaient à être très présent. La santé de sa femme déclinait et elle restait distante.

Il avait refusé toute aide extérieure et cette nouvelle marotte l'enchantait, même s'il avait dû sérieusement s'organiser pour consacrer le temps qu'il fallait à ses petits plutôt qu'à ses activités. Il était rapidement devenu expert, orchestrait à la fois le bain et le changement des couches et concoctait de délicieuses bouillies dont il inventait les recettes.

Les affaires étant florissantes, il avait su déléguer facilement une partie de la gestion de celles-ci à quelques proches collaborateurs.

Une diversification professionnelle réussie, et très rentable, lui permettait de se verser un bon salaire et de larges dividendes qui assuraient à la famille un confort de vie au-dessus de la moyenne.

*

Le deuxième point qui le minait était sa gêne à bien gérer la maladie de sa femme. Maladroit dans le verbe et dans le geste, il trouvait tout cela injuste, autant pour elle que pour lui. Il était malheureux, attristé par la distance qui les séparait et qui ne faisait qu'augmenter. Il l'avait choisie parmi toutes ses prétendantes, avec cette absolue nécessité de construire quelque chose de sérieux avec elle. Tout semblait s'écrouler.

Une terrible infection avait déclenché cette tournure dramatique des événements. Julie passait de spécialiste en spécialiste. Aucun ne proposait une solution adaptée, rapide ou peu contraignante. La dernière visite chez le médecin s'était soldée par une terrifiante annonce. Son rein était atteint et une greffe s'imposait.

Julie avait difficilement accepté la nouvelle. C'était une opération courante et maîtrisée, lui avait-on affirmé. Mais elle avait beaucoup de mal à se faire à l'idée qu'un organe étranger puisse venir s'immiscer dans son propre corps et son intimité. Et probablement finir de perturber un métabolisme déjà fragilisé.

Elle n'était pas du tout prête et refusait la possibilité de cette intervention, murée dans un silence dépressif qui la coupait du monde.

Elle sortait désormais très peu et tentait d'occuper ses journées allongée dans un immense transat sur la terrasse qui dominait la mer. Qu'il pleuve, qu'il vente ou qu'il fasse grand beau.

Elle avait délégué la gestion du salon à son adjointe en qui elle avait une confiance aveugle. Fille d'un fromager réputé dans la région et ami de la famille depuis longtemps, elle avait fait de sérieuses études à Paris pour revenir et exercer son métier chez Julie.

Elle pouvait aussi compter sur Quentin qui, bon gré mal gré, passait de temps en temps pour contrôler que tout allait bien et pour saluer quelques clientes fidèles.

Il avait, de son propre chef et sans en demander l'autorisation à son épouse, déposé une requête de don d'organes aux services habilités. L'attente pouvait être longue, l'avait-on prévenu, et un important nombre de vérifications seraient nécessaires avant de décider d'une intervention.

*

Le troisième sentiment qui l'habitait était moins honorable. Il était honteux. Honteux d'avoir replongé dans ses anciens travers de jeunesse. Il culpabilisait. Il avait repris goût à la boisson et aux réceptions délictueuses qu'il partageait en grand secret avec un nouveau groupe d'amis constitué autour de ses activités professionnelles.

Les absences physique et morale de Julie y étaient pour beaucoup, se persuadait-il. Il y cherchait une sorte de compensation, un dérivatif légitime. Comme pour se rassurer ou s'acheter une conduite.

Chapitre 33

Tout cela avait commencé par une classique invitation à une soirée de la part d'un fournisseur avec lequel Quentin entretenait d'excellentes relations. Ce partenaire l'alimentait en alcools qu'il distribuait dans ses trois points de vente autour de Coutainville, lesquels avaient acquis une bonne notoriété — il lui arrivait aussi d'en profiter et de s'approvisionner largement pour sa propre consommation.

Il s'était retrouvé ainsi avec une dizaine de patrons d'entreprises locales dans un sous-sol aux lumières tamisées où trônait une immense table rectangulaire dont la largeur était anormalement importante. Le lieu des « réjouissances », comme il avait été spécifié sur le carton, était situé dans un joli manoir, dans un coin perdu en pleine campagne du côté de Saint-Vaast-la-Hougue. Après un généreux cocktail accompagné d'une succession d'amuse-bouches et de verrines toutes plus délicieuses les unes que les autres, l'ambiance du groupe, uniquement masculin, se réchauffa rapidement.

La conversation, orientée vers les affaires au début, dérapa vers des sujets graveleux et carrément sexistes, déplacés si l'auditoire avait été plus partagé.

Le maître d'hôtel, habillé de noir des pieds à la tête et au troublant visage androgyne au teint blafard, fit installer les convives autour du plateau recouvert d'une nappe sombre. Les serviettes arrangées en forme de sexe féminin révélèrent, une fois dépliées, des assiettes dont la décoration de fort mauvais goût symbolisait quelques positions parfois sportives du Kama Sutra.

L'éclairage vira au violet et deux superbes jeunes femmes insolentes aux poitrines nues fièrement dressées amenèrent les entrées.

Dès qu'elles pénètrent dans la pièce, il y eut une grande agitation sous la table et de larges sourires apparurent sur les figures déjà bien rouges des habitués.

*

Quentin, innocent jusqu'alors, commença à comprendre. Deux mains douces et expertes déliaient avec une infinie patience sa ceinture pour mieux faire tomber son pantalon. Le reste fut à la hauteur de ce qu'il imaginait.

Les râles vulgaires de tous les invités, nullement gênés de partager leur plaisir en public, coururent sans aucune pudeur jusqu'à la fin du repas.

Une fois le dessert rapidement consommé, les convives s'éparpillèrent avec les hôtesses dans les alcôves qui entouraient la salle de réception. Sans aucune retenue, l'orgie continua de plus belle.

Quentin était embarrassé. Du moins s'obligeait-il à l'être.

Il y participa, très appliqué. L'atmosphère confinée, lourde et chargée d'effluves autant d'alcool que de sexe, y contribua largement.

Mais quand les rôles s'inversèrent pour que les hommes remplacent les femmes, il n'y trouva aucun intérêt et déclina les offres.

*

Il prenait régulièrement part à ces bacchanales depuis plusieurs mois. Sans y prendre vraiment goût, il les utilisait comme une sorte de sas de décompression qui lui faisait du bien.

Sa vaillante anatomie intéressait beaucoup les participantes, en particulier certaines épouses des invités qui faisaient parfois partie des réjouissances.

Les déguisements ou les masques grotesques qu'ils portaient — une règle absolue qui devait leur permettre de conserver l'anonymat — l'amusaient beaucoup. L'identité des abonnés, voulue si secrète, était facile à décoder.

Comme pour lui. Il restait persuadé qu'un jour ou l'autre, une de ces amantes d'un soir reconnaitrait les yeux vairons. Il aviserait lorsque ceci se produirait. Pour le moment, il profitait.

*

Edmond Le Révérend était à la fois l'organisateur patenté et un acteur discret, mais connu de tous de ces soirées de débauche. On se moquait toujours de ce patronyme pour le moins surprenant dans de telles circonstances.

Propriétaire d'un certain nombre d'entreprises locales, il exerçait des métiers aussi divers que grossiste en spiritueux, maquignon ou importateur en fruits et légumes suivant les opportunités. Il avait pignon sur rue et son réseau d'amis et de clients était long comme la liste des produits qu'il pouvait proposer.

Pendant les orgies, il prenait à la dérobée des photos des participants.

Sans qu'il le sache, Quentin, son visage, son sexe et ses fesses y figuraient en très bonne place.

106

Chapitre 34

Théo fulminait. Il tournait en rond, essayant en vain de trouver la solution à ce mystérieux message. Il ne pouvait pas prendre le risque de s'aventurer sur les routes chercher Alice. Elle devait être loin désormais et le danger était grand de tomber sur une patrouille de police qui ratissait probablement tout le département.

Elle avait voulu lui dire quelque chose, c'était évident. Il n'imaginait pas qu'elle l'ait abandonné ainsi, comme un pauvre imbécile, sans le sou et avec tous les flics de Normandie au derrière.

Assis dans le sable qui s'envolait sous les bourrasques et lui piquait les yeux, il se concentra sur la première phrase « 1 + 1,5 = 2 (FOIS 10) ».

Il tenta de se rassurer. Et si Alice lui avait laissé une indication de lieu, pour un rendez-vous secret à l'abri des recherches ?

Elle avait pu s'affoler devant la gravité de leurs actes. Ils se retrouveraient. Pour mieux s'enfuir ensemble.

*

C'est souvent dans les situations les plus stressantes ou les plus angoissantes que la solution surgit, comme si elle avait été évidente, mais dissimulée sous la pression malsaine qui la sclérose et l'empêche de voir le jour. Théo eut un éclair.

Alice taquinait souvent Théo à propos de la grandeur de ses pieds. Elle l'appelait affectueusement « Grands Arpions », tel un surnom d'indien.

— Tu sais que tes pieds sont une fois et demie plus longs que les miens. Et je chausse presque du quarante. Ce qui est déjà beaucoup, avait-elle plaisanté.

« 1 + 1,5 = 2 (FOIS 10) » se rapportait donc à une mesure, celle de leurs deux pieds. Le tout devait être multiplié par 10.

Théo se positionna au milieu du cœur dessiné sur le sable et commença à compter vingt-cinq pointures en direction de la mer. Il se trouvait à peu près à six mètres du centre.

Il restait à décoder la direction, une seule dimension ne suffisait pas. Il reconnaissait bien là l'esprit torturé et en même temps très logique de celle qui ne pouvait pas faire les choses simplement.

— Elle m'agace, elle m'agace… je perds du temps et je vais finir par me faire chopper, ruminait Théo, furieux.

Il n'avait même pas pensé à appeler Alice sur son portable. Mais à quoi bon, elle ne répondait jamais…

*

3 FOIS 20 EST SUPÉRIEUR À 60 ?

Théo n'avait pas fait beaucoup d'études. Il n'avait manifesté que très peu d'intérêt pour les chiffres qui le lui rendaient bien. Par contre, il se souvenait des leçons d'Alice sur les angles, la course du soleil et l'inclinaison de la terre, qui l'avaient passionné. Sa première déduction, qui l'avait encouragé à persévérer, le poussa à essayer cette hypothèse. Mais tracer une tangente à partir du point où il était ne servait à rien.

Elle avait inversé les deux consignes !

Alice lui avait toujours répété :

— Si tu es perdu, le nord te guidera. C'est le plus facilement repérable. Il suffit de regarder sur les troncs des arbres où s'attache la mousse.

Et quand il n'y a pas d'arbre ? Comme sur cette plage déserte !

La pointe du cœur dessiné sur le sable semblait donner la direction d'où il venait.

— Le nord, c'est donc là-haut, conclut Théo, debout au centre du motif, en désignant l'extrémité. Il tremblait de tout son corps et un doigt rageur pointait dans le vide, comme une menace adressée à la terre entière. Et surtout à Alice.

— Si ce n'est pas ça, j'utiliserai le GPS de la voiture.

Il traça d'abord 3 angles de vingt degrés, en enleva ensuite un peu, la consigne lui indiquait que trois fois vingt était supérieur à soixante. Il avança alors de six mètres et se retrouva juste au niveau du pneu avant gauche de son véhicule.

Ne pouvant se retenir d'éclater d'un fou rire nerveux, il commença à creuser de part et d'autre.

— C'était trop simple ! plaisanta-t-il à demi.

— Je suis trop con...

*

Il trouva rapidement le sac qu'il avait dérobé la veille, allégé de la moitié du butin. Un comptage sommaire le lui confirma. Alice avait même été jusqu'à déchirer un billet de cinquante euros en deux afin assurer une parfaite équité entre les deux complices.

Il manquait à l'appel la clé USB qui avait tracassé Théo lors de sa précédente découverte. Ainsi que les photos compromettantes.

Le dossier administratif était présent, soigneusement rangé dans son enveloppe initiale.

*

Théo s'écroula en larmes dans le sable. Plus de dix années qu'il n'avait pas pleuré. Depuis la perte de sa mère.

Trop de stress, trop d'émotions…

Bien sûr Alice était partie...

Bien sûr il ne la reverrait plus jamais…

— Je suis trop con, se répéta-t-il encore une fois.

*

Il démarra rageusement pour se rendre à l'abri convenu à l'avance. Peut-être y retrouverait-il sa dulcinée ?

À la radio s'égrainait le refrain de cette chanson dont il se souviendrait longtemps :

« Allez danse, danse, retourne-toi

Allez tourne, tourne, ne t'arrête pas

Allez partons vite, si tu veux bien, dès le jour

J'ai manqué d'air je m'en souviens,

Toutes ces années sans toi sans rien

Même mes chansons se baladaient le cœur lourd

Évidemment, tu l'aimes encore,

Ça crève les yeux mon dieu, ça crève les yeux mon dieu

Mon dieu.... »

Théo fit demi-tour et jeta un ultime regard sur l'endroit de cette dernière rencontre, les yeux mouillés, le cœur serré.

Chapitre 35

Alice se réveilla laborieusement. Ce lourd sommeil l'avait abrutie. Elle avait dormi toute la journée et une grande partie de la nuit, épuisée par cette longue marche qui l'avait menée à son ancienne cabane, là où quelques années plus tôt elle avait fini sa première vie.

Elle l'avait trouvée dans le même état qu'elle l'avait laissée ; toujours debout, vaillante et résistante, comme elle.

Le garage attenant s'était écroulé et le champ, qui n'avait pas été entretenu depuis, était couvert de ronces, d'herbes folles et de fleurs sauvages qui lui donnaient un faux air de gazon japonais savamment orchestré.

Souvenir ancestral de sacrifices impies et de messes obscures, le menhir, cassé en deux par un arbre qui l'avait perforé quelques siècles auparavant, était comme un gardien anonyme et majestueux. Tapi dans l'ombre, il assurait l'inviolabilité des lieux en son absence. Elle était arrivée la veille à l'aurore et le soleil levant avait coloré la longue pierre d'une légère nuance orangée qui l'avait rendue presque amicale. Elle avait alors caressé cette peau à la fois granuleuse et lissée par la patine du temps.

Décidément, Alice et cet endroit allaient bien ensemble. Indomptés et seuls. Fiers et rebelles. Rugueux et doux.

*

Dès son arrivée, elle s'était recroquevillée dans le fond de la cabane. C'est là que, quelques années plus tôt, elle avait passé toutes ces nuits de suppliques et de désespoir. Seule, désemparée, profondément choquée par toutes les violences qui l'avaient conduite à ces extrémités. Comme uniques soutiens, elle serrait alors dans ses bras décharnés Pavlova, sa chatte emblématique, et la photo de Quentin dont elle ne pouvait pas se séparer. Cette longue solitude l'avait renforcée et détruite en même temps. Un paradoxe comme elle les aimait qui lui avait permis de se reconstruire.

*

Ses longues réflexions solitaires l'amenaient toujours à la même conclusion, au même endroit. Elle reviendrait à Coutainville. Nul doute que sa réapparition ferait sensation. Elle en frissonnait de plaisir. Sa complète reconquête passait par là et elle devait avoir le courage de le faire.

Il lui restait à choisir le bon moment pour mener à bien tous ces projets qui se bousculaient dans sa tête, en oubliant l'amère vengeance qu'il fallait laisser là où elle avait failli elle-même s'en aller définitivement.

*

Elle consacrerait cette renaissance à l'enfant qui avait déjà presque deux mois et qu'elle ressentait au plus profond de son intimité.

À n'en point douter, l'argent qui dormait sous cette couche improvisée et qu'elle s'était elle-même attribué — mais ne l'avait-elle pas mérité ? — l'aiderait grandement.

Chapitre 36

Le baptême aurait lieu le lendemain. Le temps serait superbe. Mis à part l'état de santé de Julie, toutes les conditions étaient réunies pour que cet événement soit une réussite.

Il fallait malheureusement composer avec cela. Julie se déplaçait difficilement et Quentin n'avait aucune nouvelle d'un donneur éventuel.

Il avait pensé tout annuler. Devant l'insistance de sa femme et le plaisir des retrouvailles avec la famille et les amis, il avait quand même décidé d'organiser la cérémonie. Au moins pour les enfants. Au moins pour elle.

*

La petite église d'Agon était pleine à craquer.

Vers quinze heures, des cris bien différents des murmures habituels du lieu de sacre s'élevèrent depuis les fonts baptismaux. Celui de Timéo, qui éclata d'un généreux et innocent rire communicatif comme seuls les enfants sont capables de le faire, et celui de Nina, effrayée autant par tout ce monde que par le contact de sa peau avec l'eau glacée du bénitier. La main rugueuse du prêtre qui leur dessina à chacun une croix sur le front augmenta encore l'effarement du bébé.

Le premier déchaina l'hilarité générale. Julie y trouva même une sorte de minuscule lueur d'espoir et de fantaisie dans sa douloureuse routine.

Le deuxième généra beaucoup d'empathie pour cette pauvre fillette qui faisait une première expérience de ce qui l'attendrait lorsqu'elle irait se baigner dans cette mer revigorante qui s'étendait à quelques centaines de mètres d'ici.

À la sortie de la cérémonie, un soleil chaud accueillit les impétrants et les invités sur le perron de pierre.

Ils se rendraient ensuite au Manoir, situé dans le vieux Coutainville, qui recevrait sous une large tente toute l'assemblée pour un copieux apéritif.

*

Les conversations allaient bon train.

Quentin avait convié ses amis les plus proches, quelques notables de la région et des commerçants de la station et des environs avec lesquels il était en relation professionnelle.

Il avait également invité le peu de famille qui lui restait, des cousins éloignés, pas très sympathiques, qui arrivaient du haut de la Manche. C'était un couple de quadragénaires, accompagné de quatre enfants, des marmots tous plus désagréables les uns que les autres.

Stéphane Legambier était ostréiculteur et avait réussi dans les affaires. Son puissant 4x4 blanc était garé juste en face de la chapelle, bien en vue. Sa femme Fanny, une jolie blonde, aussi décolletée que probablement très désœuvrée, papillonnait dans l'assistance, comme un insecte affolé qui se cogne sur tout ce qu'il trouve sur son passage sans repérer la sortie.

Elle avait fini par jeter son dévolu sur Alain qui avait pour une fois déserté sa tanière de Cherbourg.

Celui-ci était venu seul, son épouse ayant préféré perdre son temps ailleurs, comme elle le lui avait signifié. Alain ne se faisait plus d'illusion. Elle était sans doute déjà dans les bras de son chefaillon, un présomptueux petit bonhomme à tête de fouine qui avait lassé Alain au bout de quelques minutes. Lors de leur première rencontre, un diner à la maison, l'invité avait compté dans le détail toutes les turpitudes auxquelles il était soumis à cause de ses responsabilités. Fanny ne le quittait plus. Alain, bien que sérieusement empâté, avait de la conversation. Il avait retrouvé son sourire ravageur. Son mari commença à y voir malice.

*

La conversation qui s'engagea entre les deux hommes fut d'abord cordiale. Elle se gâta rapidement. La tension était palpable et Quentin connaissait trop Alain pour ne pas craindre une réaction violente de sa part. Rompu aux techniques de la boxe française et familier de ce genre de situation, ce dernier n'allait faire qu'une bouchée du pauvre agresseur. Il envoya Lisa calmer les esprits et lui demanda discrètement d'accaparer son ami, comme au bon vieux temps.

Bien que leur aventure n'ait pas eu un épilogue des plus sereins, les ex-amants discutèrent aimablement le temps que cet énervement s'apaise. Alain fit le joli cœur, penaud au fond de lui-même d'avoir abandonné la belle barmaid.

Lisa, une fois sa mission accomplie, retourna voir Katia, devenue sa plus proche confidente.

Fanny se fit sévèrement rabrouer. Elle devait avoir l'habitude.

*

Julie se sentait isolée. Empêtrée dans son fauteuil roulant, son teint blafard n'avait d'égal que la douleur intense qu'elle ressentait au bas du dos et qui la tiraillait jour et nuit. Son regard triste se portait d'invitée en invitée. Elle jalousait toutes ces personnes qui pouvaient bouger, se déplacer, rire, elle qui était tant diminuée, si malheureuse.

Quentin vint la chercher et l'aida à grimper dans la grosse berline anglaise flambant neuve qu'il avait achetée pour l'occasion. Tout le matériel médical se logea facilement dans le grand coffre.

Les deux jeunes baptisés étaient sanglés dans leurs sièges, surélevés à l'arrière.

Ce jour-là était assurément un beau jour.

Peut-être aurait-il eu un relief encore plus prononcé s'il y avait eu une grand-mère attentionnée ou un gentil grand-père, probablement aux anges devant tant d'innocence.

Les parents de Julie n'avaient pas supporté le déshonneur d'Alice et sa condamnation après ses terribles gestes. Ils avaient disparu dramatiquement l'un après l'autre, comme un enchainement logique à l'emprisonnement de leur puinée. La maladie chronique du père s'était transformée en une attaque cérébrale foudroyante et son épouse l'avait accompagné peu de temps après.

*

Quant à Isabelle, la mère de Quentin soi-disant disparue en mer quelques années plus tôt, si elle était bien vivante, elle n'était pas présente. Ou du moins, pas aux yeux de tous.

Ce jour-là, elle attendait, tapie dans l'ombre du grand pin qui dominait de tout son siècle le haut du clocher de la petite chapelle.

Son rimmel avait tracé de larges rayures noires sur un visage ravagé par l'émotion et la douleur. Elle respirait à grand-peine, les hoquets lui bloquaient la poitrine.

Ses mains jointes symbolisaient une prière. Ses doigts noueux serrés avec une telle force qu'ils en étaient complètement blancs pointaient vers le ciel pour adresser comme une supplique silencieuse. Un appel maternel à l'amour de sa vie.

Quentin, radieux, était seulement à quelques mètres d'elle. Aurait-elle le courage de le revoir ?

Chapitre 37

Quelle belle fête, pensait Quentin !
Il retrouvait cette fraicheur et cette joie de vivre qui lui
avaient tant manqué tous ces derniers mois. Il passait d'invité
en invité, échangeant quelques mots gentils qui faisaient
plaisir.

*

Le manoir avait été orné de l'entrée majestueuse jusqu'au
haut du donjon qui dominait la mer. De grandes bannières
blanches flottaient au vent léger, dessinant d'élégantes
volutes, et des centaines de ballons multicolores gonflés à
l'hélium avaient hâte de s'envoler au loin comme on leur
avait promis.
Comme convenu, l'intérieur avait été fermé pour éviter
tout débordement. Seuls trois couples triés sur le volet
avaient été élus pour occuper les chambres de l'annexe.
Les longues tables placées dehors pour l'apéritif étaient
assorties au décor et drapées de magnifiques nappes en tissu
aux armoiries du lieu. Les verres, tous en cristal, étaient
dépareillés pour amener de la variété. Les rayons de soleil
qui les traversaient jouaient avec leur transparence et se
diffractaient en arc-en-ciel sur les serviettes immaculées.
Un large choix de spécialités locales complétait un
cocktail original à base de cidre et de calva. Pour les plus

classiques des invités, les magnums de champagne les attendaient.

Les réjouissances pouvaient démarrer autour d'un somptueux buffet marin dressé comme un immense plateau de fruits de mer. Les homards étaient à profusion, les moules de bouchot en papillotes et les huitres de la Pointe d'Agon servies chaudes accompagnaient des crabes soigneusement décortiqués et des moussettes fraichement pêchées.

Suivit un éventail de fromages régionaux, escorté d'un grand cru de réserve au rouge profond ouvert pour l'occasion. Il aida à ancrer toutes ces bonnes saveurs et à développer une ambiance de plus en plus conviviale.

Le traiteur préféré de Quentin avait concocté un assortiment de desserts locaux sous forme de ravissantes mignardises. Elles se bousculaient en une sorte de pièce montée démesurée savamment orchestrée de tartes aux pommes, crèmes au calvados et mini-teurgoules gélifiées. Il n'en restait plus rien au bout de quelques minutes. Sauf sous les plateaux où les enfants malins avaient élu domicile pour dévorer consciencieusement ce qu'ils avaient dérobé avant les adultes.

*

Les invités du vin d'honneur quittèrent à regret le Manoir en fin de journée et un second départ fut donné pour ceux du soir, les plus proches amis, qui participeraient au diner et aux nombreuses surprises inventées par le maitre de cérémonie.

Le plan de table fut modifié en dernière minute, car l'échauffourée entre Alain et le mari de Fanny ne rendait plus possible le voisinage prévu au départ entre les deux personnes.

Julie observait tout cela de loin. Son regard vide de sens et rempli d'amertume se porta vers ses deux petits qui riaient aux éclats des bonnes farces d'Alexandra. La jeune fille choisie pour s'occuper des bambins des convives faisait l'unanimité.

Elle ausculta ensuite Quentin, se demandant sur quelle proie facile, plus ou moins mariée, il jetterait son dévolu en fin de soirée.

*

Julie partit s'allonger chez elle, épuisée, juste après le dessert gigantesque qui embrasa le ciel jusqu'à la mer de ses mille bougies crépitantes.

Ses enfants l'accompagnèrent, endormis profondément.

Quentin les embrassa tendrement. Il eut ce même geste d'impuissance à destination de sa femme qu'il faisait désormais comme un automatisme.

Alexandra les conduisit dans leur maison, après une bienveillante salve d'applaudissements pour saluer leur départ.

La belle jeune fille comptabilisait alors une dizaine d'invitations personnelles, les pères de famille n'ayant pu s'empêcher tout au long de la soirée d'aller vérifier auprès d'elle si tout se passait bien.

Le déhanchement provocateur en avait émoustillé plus d'un. La chaleur et l'alcool amplifièrent le phénomène.

*

Les derniers invités profitaient jusqu'à la dernière goutte des alcools d'exception offerts par Quentin et fêtaient à grand renfort de chansons paillardes le moindre verre englouti cul sec. Ils ne s'aperçurent même pas de l'absence de leur hôte.

Celui qu'Alexandra avait choisi d'honorer discrètement sur les lieux des réjouissances après avoir couché ses enfants, était le mandataire aux yeux vairons.

Quentin fut tout de même très surpris de découvrir que sous la robe fleurie, à part une peau lisse et douce comme celle d'une pêche, il n'y avait rien d'autre.

Caché sous l'étroit escalier qui menait au haut de la tour du pigeonnier, il essaya de combler un évident manque de créativité par de généreux coups de reins. La jeune baby-sitter en avait déjà vu beaucoup. La tentative fut couronnée de succès.

Il rejoignit ensuite ses amis. Alain lui glissa secrètement à l'oreille qu'être ainsi en sueur à cette heure de la nuit ne pouvait être que révélateur d'un effort physique intense. De plus, le bout de sa chemise, coincé dans la fermeture éclair de son pantalon remontée de manière approximative, dépassait largement. Ceci pouvait de même prêter à interprétation.

Alexandra arriva quelques instants plus tard, la tête décoiffée, en pétard, quelques traces de maquillage jusqu'au milieu des joues.

Alain resta discret, son flair aiguisé de bon professionnel lui ayant très rapidement permis de reconstruire l'histoire.

Quentin n'était pas fier. Une rasade de Calvados, probablement distillé à côté du Manoir sous de puissantes incantations païennes, lui fit oublier provisoirement ce nouvel écart de conduite.

Il termina la soirée avec quelques amis au premier étage du bar de la Digue. Lisa les accompagna jusqu'au matin avant de s'écrouler sur la banquette.

Le promenoir résonna alors des borborygmes des noceurs étendus comme des victimes sur le haut de la plage. Le soleil levant n'eut même pas raison de leur lourd sommeil alcoolisé.

Chapitre 38

Alice s'était aventurée jusqu'au village pour aller acheter un téléphone portable muni d'une carte rechargeable. Trois mois désormais qu'elle avait quitté Théo. Avait-elle été lâche ? Elle ne le pensait pas. Cette décision avait été mûrement réfléchie et elle la considérait comme la meilleure pour elle et son bébé.

*

Elle s'était tout d'abord terrée dans son repaire et ne s'était nourrie que du strict nécessaire. Il fallait que tout le bruit fait autour du vol de la recette de l'épicerie s'estompe.

Le confort de l'endroit était sommaire, mais elle faisait tout pour que sa grossesse solitaire se passe le mieux possible et que son futur bébé puisse naître dans d'excellentes conditions. Elle mettrait tout en œuvre dans les prochaines semaines pour cela.

Elle voulait un fils aussi fort de caractère que sa mère. Il devrait être assez solide pour affronter toutes les perversités qui avaient fait son quotidien depuis toutes ces années. Elle le préparerait à cela. Elle le guiderait dans ce monde qu'elle trouvait autant tourmenté qu'elle-même.

Théo, trop tendre, trop gentil, n'aurait pas été efficace. C'était donc la bonne solution que de l'élever seule.

Lors de cette excursion qu'elle prévoyait plus longue qu'à l'accoutumée, elle avait décidé de consulter les annonces immobilières. Elle se ferait ainsi une idée plus précise de ce qu'elle pouvait trouver pour la somme dont elle disposait. Celle-ci était rondelette, composée de l'argent mis de côté avant son arrestation et d'une partie de ce qu'elle avait récupéré du braquage.

Essoufflée par les dix kilomètres et les reins brisés par la charge supplémentaire qui arrondissait son ventre, elle arriva sur la petite place du village et s'assit à la terrasse du café qui lui semblait la plus discrète. Elle se tenait légèrement en retrait, mais les jambes enrobées d'un beau soleil.

La température était douce et elle avait besoin de se désaltérer après ces efforts.

Le souvenir de sa boisson préférée réveilla tous ses sens.

La couleur qui tendait vers ce vert cru inimitable.

Le son des bulles qui pétillaient à la surface et le gargouillis des dernières gouttes avalées à la paille.

La sensation de fraicheur lorsque le piquant de la limonade lui chatouillait la gorge.

Sa madeleine, c'était un diabolo, glacé. Une agréable réminiscence des pots pris entre amis plus de quinze ans auparavant sous l'auvent du bar de La Digue.

Ils partageaient alors les discussions animées, les éclats de rire spontanés, les jeux un peu stupides et les amourettes d'adolescents.

C'est là que la passion de sa vie, au regard si différent qu'elle avait vénéré, l'avait quittée pour se jeter dans les bras de sa propre sœur. Elle ne le verrait jamais plus d'aussi près. Elle ne s'en remettrait jamais.

La serveuse, mignonne et pleine d'allant, la sortit de sa torpeur.

*

— Bonjour Madame, que puis-je vous servir? demanda-t-elle en contemplant le ventre rebondi d'Alice.

— Un diabolo menthe, glacé...

— Un seul? plaisanta la gamine en fixant toujours ostensiblement le même endroit.

— Allez, deux, vous avez raison. Il va en profiter aussi... répondit-elle, ravie de pouvoir en parler ainsi. Elle était presque mère. Elle en était déjà très fière.

— C'est un garçon? insista la serveuse.

— Oui, tout à fait, un futur petit Quentin.

— Formidable. J'ai hâte. Mais mon ami n'est pas encore prêt.

Elle lui chuchota son secret dans l'oreille puis partit chercher la commande.

*

Alice sirotait avec délice le premier des deux verres couverts d'humidité. Son regard allait et venait, passant de gens affairés par on ne sait quelle fausse urgence à des touristes égarés et désœuvrés. Il s'arrêta soudainement sur le grand panneau d'affichage du marchand de journaux situé à quelques mètres seulement de l'endroit où elle s'était installée.

Elle blêmit brusquement, manqua défaillir et se retint de justesse à la table.

Chapitre 39

À la une du journal local, une large manchette titrait :
« Le voleur de Saint-Vaast-la-Hougue enfin sous les
verrous après une cavale de plusieurs semaines et une course
poursuite effrénée avec la police ».
Le portrait parfaitement reconnaissable de Théo s'étalait
sur tout le reste de la page.
Alice se précipita en sueur à l'intérieur et acheta toute la
presse régionale ainsi que les éditions nationales du jour. Elle
était stressée, tremblante, le visage défait et le teint exsangue.
Le propriétaire affolé se proposa de l'aider et lui conseilla de
s'asseoir un moment pour récupérer. Déclinant sèchement
l'invitation, elle se pressa de s'enfuir, craignant que sa photo
ne figure aussi dans les articles.
Essoufflée, elle s'appuya à l'ombre bienveillante d'un des
grands chênes qui bordaient la départementale qu'elle avait
empruntée pour se rendre au village.
Elle lut fébrilement tous les sujets qui parlaient de l'affaire
et se détendit petit à petit. Il n'était nulle part question d'elle
ou d'un éventuel complice.
En substance, les récits des journalistes, comme les
affirmations des rares témoins, étaient tous concordants. Le
comptable s'était autant confié à la police qu'épanché dans
les médias. Des clients et des fournisseurs avaient loué son
professionnalisme, lui achetant par là même une conduite. Sa
parole ne pouvait être mise en doute.

Le suspect avait opéré seul. C'est ce qu'il avait certifié.

*

Théo avait été arrêté au petit matin, juste après six heures comme l'imposait la loi. Vigilant jusque dans son sommeil, il avait réussi à s'enfuir par la porte de derrière, sautant dans son véhicule prêt pour ce genre d'imprévu. Sur les routes étroites de la région de Cherbourg, il avait engagé avec la police une course-poursuite pourtant vouée à l'échec dès le départ.

Il avait piloté avec dextérité dans les profondes et tortueuses chasses qui serpentaient dans la région. Ces chemins tout juste goudronnés enfoncés dans la campagne qui protégeaient à l'époque les carrioles des paysans de leurs hauts murs naturels auraient dû lui servir d'échappatoire, il s'était produit l'inverse.

Après plus d'une heure de traque, pisté par un hélicoptère qui informait les équipes à terre, il s'était retrouvé face à face avec un barrage constitué de deux solides breaks de la gendarmerie. Ils avaient résisté à l'impact avec la voiture de Théo.

Celui-ci, complètent sonné, était sorti titubant. Sa première réaction avait été pour sa « belle bagnole » détruite, fumante comme un premier barbecue de printemps. Sa désolation était sincère. Presque autant que celle de se savoir prochainement emprisonné de nouveau.

*

La suite de l'article racontait avec force détails l'agression du comptable dans son bureau.

Théo avait déclaré avoir agi seul.

Seul. Il l'avait martelé.

Il avait mis en cause sa victime, à la moralité douteuse. Ce qui avait été avéré. Celle-ci n'avait pas insisté et avait finalement corroboré les aveux de son assaillant.

Les quelques témoins de la région qui avaient aperçu Théo avant son méfait avec une femme n'en avaient pas dit plus. Il était normal qu'un jeune homme de cet âge ait quelques aventures. Lors des interrogatoires, il avait porté l'accent sur sa maladresse récurrente avec les personnes de l'autre sexe et indiqué que les rencontres qu'il faisait ne restaient pas très longtemps avec lui.

Cela avait été le cas avec la dernière qui avait disparu de la chambre de l'hôtel un beau matin sans laisser de trace. Il n'en connaissait même pas le prénom. La courte nuit qu'il avait passée avec elle, au cours de laquelle il n'avait pas été brillant, avait-il confié, ne lui avait pas permis d'en savoir plus.

Quant à l'argent, la somme communiquée par le comptable était à peu de choses près ce qui avait été retrouvé. Ceci arrangeait tous les intéressés. La justesse des déclarations de l'entreprise aurait été mise en doute si les montants avaient été plus importants.

Bref — résumait un journaliste — cette histoire banale était classée et le coupable — magouilleur récidiviste plus bête que méchant — irait purger une nouvelle peine dans les cellules humides qu'il avait déjà fréquentées.

L'inspecteur Alain Lespilenne, récemment promu dans la région, avait rondement mené l'affaire et tout le monde s'en félicitait, du préfet au propriétaire de l'épicerie. Celui-ci, Edmond Le Révérend, y avait vu là une bonne occasion de se séparer de son collaborateur, justifiant que le choc émotionnel profond était peu compatible avec le niveau d'exigence requis pour ce poste. Les assurances feraient le reste.

Alice enroula délicatement tous les journaux et retourna en ville.

Chapitre 40

Lisa ne savait plus trop quoi penser de toutes ces sales histoires qui avaient agité Coutainville : le terrible viol d'Alice à la Pointe, la disparition étrange de son persécuteur et de son épouse, la sauvage agression dont avait été victime Quentin. Ces remous malsains avaient eu de multiples conséquences.

Particulièrement une.

Quentin venait de plus en plus rarement au bar, prétextant un agenda surchargé et de nombreux déplacements qui le tenaient éloigné du village.

Il prenait — disait-on — très à cœur son rôle de père. Depuis la rechute de Julie, il devait assurer une grande partie de l'éducation de ses enfants. Conjuguée à la conduite de ses affaires, il était très occupé.

*

Lisa aimait toujours autant Quentin. Une vraie connivence les avait rapprochés au fil du temps, comme celle d'une grande sœur avec laquelle on passe de bons moments de complicité et à qui on livre ses plus intimes secrets.

Et elle en avait entendu des confidences.

Des vertes et des pas mûres.

Les yeux vairons avaient su séduire de nombreuses conquêtes. Il avait un appétit féroce en la matière.

Lisa avait souvent servi de couverture ou d'alibi. Les choses n'avaient jamais été simples avec lui. Aussi bien à l'époque de sa liaison tumultueuse avec Alice que pendant celle plus raisonnée avec Julie.

Mais elle l'appréciait comme cela, même si elle ne se l'expliquait pas vraiment. Elle gardait une immense fierté de cette relation qui n'avait jamais été qu'amicale et une intense tristesse de ne plus le voir au quotidien.

Son mariage avec Julie avait soi-disant changé la donne. Il ne sortait presque plus, racontait-on au bar. Lisa n'y croyait pas. Il devait faire affaire ailleurs et promener sa longue dégaine décalée et son regard si particulier dans d'autres dédales du département.

Un jour, il reviendrait.

Un jour, elle saurait la vérité.

*

La parution si soudaine, si imprévue, si perturbante d'Alice au restaurant l'avait sévèrement secouée. Elle n'en avait pas parlé à Katia et lorsque celle-ci avait constaté son trouble, Lisa avait prétexté un léger malaise propre aux femmes de son âge. Cette explication sommaire n'avait pas convaincu son amie.

Un rapide détour aux toilettes pour s'arroser copieusement le visage l'avait remise d'aplomb. Reprenant ses esprits, elle s'était raisonnée en se disant qu'après tout, Alice avait payé et purgé sa peine. Rien ne lui interdisait de refaire sa vie là où bon lui semblait, même si le choix de Coutainville était tout de même très provocateur.

*

Elle était pensive. Ses deux mains accueillantes soulageant son menton, elle regardait au loin, comme pour trouver une solution dans l'immensité marine qui s'agitait devant ses yeux.

Devait-elle en parler à Quentin ?

Le risque de le choquer et de déclencher une crise violente envers Alice était grand.

Elle décida de garder l'information pour elle.

Elle aviserait le jour où il reviendrait boire sa bière blanche et râler sur sa tranche de citron absente.

Chapitre 41

Lisa faisait semblant de s'intéresser à la conversation des deux golfeurs pérorant sur leurs exploits. Ils comptaient par le détail tous les aléas de leur dernier parcours. La discussion n'était pas très passionnante. Elle avait horreur de ce sport et préférait le rugby qu'elle diffusait les soirs de grandes rencontres dans la salle du haut. Elle voulait éviter les éternelles comparaisons entre les mérites de chaque activité et nettoyait consciencieusement les immenses chopes.

C'étaient de fidèles clients, gros consommateurs de cocktails et de bière brune qui gonflaient à la fois le chiffre d'affaires du bar et leurs bedaines de quinquagénaires bons vivants.

Les deux amis, fiers de leur casquette du Golf Club Coutainvillais, étaient bien installés dans la vie et passaient désormais plus de temps sur le green et chez Lisa qu'au bureau.

Celle-ci aurait bien succombé au plus âgé des deux, dont le léger charme anglais suranné lui plaisait beaucoup. Elle s'imaginait quelques moments raffinés avec lui en dégustant un thé brulant du bout des lèvres, le petit doigt en l'air comme il se doit. Oserait-elle se lâcher un de ces jours et l'inviter à sauter de l'autre côté du comptoir après la fermeture ?

*

La nuit tombait. Une bise appuyée de chacun des compères coupa la conversation.

— À demain Lisa, commenta le premier.

— À demain, sans faute, ajouta son préféré, une perceptible lueur de désir dans le regard.

Une œillade peu discrète en retour lui fit remonter les deux extrémités de sa moustache.

- Pas sûr que je vous ouvre. Vous ne consommez rien. Vous ne parlez que de golf. Cela ne m'amuse pas. J'ai besoin de tendresse, d'amour, et même d'un peu de sexe !

Elle se tortilla ostensiblement, juste assez pour conforter ses dires et ne pas être prise trop au sérieux.

- On va voir ce que l'on peut faire sur les deux sujets, répliqua le faux anglais, trop content du prétexte. Ils s'enfournèrent dans le gros 4x4 avec des sourires entendus.

*

Le soleil descendait rapidement sur le phare du Senequet. Il embrassait tout l'horizon et embrasait le fier gardien. Lisa ne se lassait pas de ce spectacle toujours renouvelé.

Peut-être apercevrait-elle même de nouveau ce fameux rayon vert qui lui avait déjà porté chance à deux reprises :

Une première fois comme une annonce de sa maternité confirmée le lendemain du phénomène.

Une deuxième fois quand elle avait hérité d'une vieille tante jersiaise décédée dans la nuit qui avait suivi l'irruption de l'extraordinaire apparition, ce qui lui avait permis d'acheter le bar et d'offrir de bonnes études à sa fille.

Elle plissa les yeux comme les deux fentes d'un heaume moyenâgeux et guetta ce rarissime photométéore d'une couleur unique et visible seulement quelques secondes.

Elle voulait un nouveau tour de fortune. Tout de suite.

*

En guise de surprise, c'est la porte d'entrée qui claqua sous l'effet conjugué d'un visiteur pressé et d'une forte bourrasque.

Elle se retourna brusquement.

Quentin remit difficilement en ordre une longue mèche rebelle sur le sommet du crâne. Le visage défait, les épaules basses, les yeux rougis, il portait sur lui les stigmates d'une profonde émotion.

Le rayon vert ne serait pas pour ce soir.

Lisa, qui le connaissait si bien, se rendit compte immédiatement de l'importance de son désespoir. Elle fit discrètement signe au dernier couple de consommateurs encore présent de déguerpir au plus vite.

Elle referma à double tour derrière eux.

Des toilettes entrouvertes, le bruit rauque et hoquetant de Quentin qui vomissait tout son diner vint aux oreilles de Lisa.

Elle le trouva sanglotant dans la cuvette des w.c., totalement désemparé, à genoux comme pour une ultime prière de rédemption.

Chapitre 42

Lisa avait soutenu Quentin jusqu'au bar. Voir son ami dans cette détresse l'avait bouleversée.

Elle se méfiait de ses excès. Trop habituée à le côtoyer serein et joyeux puis tout d'un coup soucieux et triste, voire angoissé, elle éviterait la bière blanche qui n'arrangerait probablement pas son état.

Un grand verre d'eau fraiche où se débattaient deux cachets d'aspirine dans de grosses bulles sonores fut le bienvenu.

— Que se passe-t-il, Quentin ? murmura-t-elle, se doutant que la moindre hausse de volume ne pourrait qu'amplifier un mal de tête déjà bien présent.

— Je ne suis pas un mauvais bougre, il ne faut pas m'en vouloir... répondit-il, d'une voix aussi intelligible que s'il avait avalé un kilo de farine.

— Bien sûr que non, ajouta Lisa, comprenant à peine ce qu'il disait.

— Mais avoue quand même que tu exagères.

— En six mois, je ne t'ai jamais vu au bar, tu ne donnes plus aucun signe de vie. Tu m'as adressé la parole cinq minutes pendant le baptême et tu débarques ici, pour vomir toutes tes tripes et t'affaler dans les toilettes. Comme retrouvailles, on pouvait espérer mieux.

*

— Je sais, j'ai déconné… ça fait déjà quelques mois que je pars en vrille.

— Je croyais que tes affaires étaient florissantes, que tes enfants étaient des amours et que Julie se remettait doucement, s'étonna Lisa.

— Oui. À part Julie, dont le cas s'aggrave. Physiquement. Moralement ; c'est très dur à porter. Elle est déprimée, vit recluse, devient insupportable.

— Elle souffre bien sûr, mais elle me rend la vie impossible et me questionne à longueur de journée sur mes occupations.

— Et bien évidemment sur mes absences nocturnes, finit-il par avouer.

Quentin avait de plus en plus de mal à s'exprimer. La langue pâteuse, l'haleine chargée de lourds relents d'alcools mélangés, il n'articulait presque plus.

— Tes absences nocturnes ?

— Oui, je participe à des soirées échangistes et j'ai reçu ce matin dans ma boîte postale des preuves, des photos de moi à poil dans des situations et des positions que je te laisse imaginer…

— Des soirées échangistes ? Tu es fou, tu ne peux pas te calmer un peu ?

— Tu prends des risques. Autant pour ta santé que pour ta réputation.

— Un jour ou l'autre, il faudra te châtrer, ajouta-t-elle d'un ton qui n'augurait rien de bon.

*

Quentin n'entendait plus. Le visage profondément enfoncé dans le havre douillet de son sweat à capuche, il commençait à ronfler bruyamment, écroulé sur le bout du bar, à la place qui avait été sa préférée.

Lisa l'écoutait en souriant. Une amitié comme celle-ci, ça ne pouvait pas s'effacer en tirant simplement la chasse des toilettes pour nettoyer ses débordements gastriques.

Elle s'occuperait de Quentin autant qu'il le faudrait pour qu'il retrouve sérénité et bonheur.

Elle lui caressa les cheveux, y remit un peu d'ordre et lui tourna la tête afin qu'il soit installé plus confortablement. Un léger baiser sur le front acheva son témoignage d'affection. Elle était heureuse qu'il se soit confié à elle. Même si elle réprouvait une grande partie des agissements de ce gros bébé qui n'en avait que l'air.

Chapitre 43

Le téléphone de Katia la réveilla vers minuit. Elle tâtonna pendant plusieurs secondes avant de pouvoir le retrouver au pied de son lit, dissimulé sous le tas de vêtements de la veille. Elle était rentrée épuisée et les avait posés tels qu'elle les avait enlevés, les uns par-dessus les autres sans aucune précaution.

Une nouvelle galerie de peintures occupait désormais le bas de l'ancien hôtel. L'apéritif de vernissage avait fini tard et laissé des traces. Elle avait abusé d'alcools forts. Elle avait encore une fois été le centre de toutes les conversations et les invités qui ne la connaissaient pas s'étaient empressés d'y remédier. Son allure svelte et sportive, son large sourire et sa franchise désarmante y étaient pour beaucoup. Elle s'intéressait beaucoup aux gens qu'elle rencontrait et ceux-ci le lui rendaient bien, parfois même de manière très insistante.

*

La voix autoritaire de Lisa lui vrilla les oreilles.

— Peux-tu venir m'aider, si tu n'es pas en position trop engagée ? plaisanta son amie.

— Je suis seule, comme d'habitude, répondit Katia, énervée.

— Et je dors...

— Et j'ai mal à la tête…

— OK, je vais trouver quelqu'un d'autre. Désolée de t'avoir réveillée. À demain, ronchonne...

— C'est bon, j'écoute. Que se passe-t-il ?

— J'ai besoin de toi pour déplacer Quentin et le coucher. Il est complètement endormi, abruti. Impossible d'agir toute seule. J'ai peur qu'il dégringole de son tabouret...

— Il est revenu ? s'étonna Katia.

— Je te raconterai. Tu pourras l'héberger pour la nuit ?

— Je vais m'arranger. J'arrive.

Katia fit un rapide aller-retour dans la salle de bains où de grandes giclées d'eau glacée finirent de la ranimer. Après avoir repris ses vêtements dans l'ordre dans lequel ils étaient entassés, elle sauta dans sa voiture et parcourut à toute vitesse les quelques kilomètres qui la séparaient du bar de la digue.

*

Le spectacle était touchant.

Lisa tenait Quentin dans ses bras avec tendresse. Elle était penchée sur lui et semblait le veiller et le protéger.

Il ronflait de plus belle. Sans aucune gêne. De plus en plus fort. De temps en temps, une espèce de soubresaut accompagné d'un large « pff » pendant lequel il évacuait un trop-plein d'air vicié le redressait.

Un rapide regard hagard autour de lui le rassurait alors et il retombait dans son lourd sommeil de pochard chronique.

Katia s'en amusa lorsqu'elle les découvrit.

C'était un couple improbable, semblable à une mère attendrie par l'innocence d'un adolescent rentré éméché à la maison et qu'elle cajole au lieu de le sermonner.

— Décidément, tu fatigues tous tes amants, commença par dire la nouvelle venue, faisant référence à la dernière confidence de son alter ego.

Le geste que lui fit en retour Lisa ne laissait pas planer l'ombre d'un doute sur sa signification. Un doigt suffisait dans ces cas-là.

— Moque-toi. Moi, au moins, j'essaye de varier les plaisirs, souligna Lisa.

— Allez, aide-moi, il faut le dégager de là, le ramener chez toi afin qu'il dorme jusqu'à plus soif, ajouta-t-elle.

— Je ne peux pas l'accueillir chez moi, les travaux ont démarré. Ce serait vraiment compliqué. Tu dois pouvoir le caser dans ta petite chambre d'ami ?

Lisa espérait une réponse positive. Elle le fut.

— Ton mari ne vient pas demain ?

— Non. Il est en déplacement. Coutainville, pour lui, ce n'est pas la panacée. Il s'y ennuie. Lorsque ses complices de poker ne sont pas avec lui, il tourne en rond.

— Très bien. Allez, on y va...

*

Le quintal de Quentin ne fut pas facile à déplacer. Celui-ci ne faisait aucun effort pour soulager les deux femmes qui s'y employèrent à plusieurs reprises.

La première ne fut pas couronnée de succès et il s'affala de tout son long sur le sol poissé par les passages des clients de la journée.

La deuxième les fit progresser jusqu'à la petite porte des fournisseurs située juste derrière la cuisine. C'était la plus proche du véhicule de Katia.

La troisième leur permit d'avancer jusqu'à la voiture. Deux adolescents désœuvrés les aidèrent, non sans avoir plaisanté lourdement sur ce transport nocturne. Ils leur demandèrent à voix basse comment elles avaient achevé ce cadavre gênant qu'elles essayaient probablement d'aller noyer au plus profond de la mer.

Ceci ne les fit rire qu'à moitié. La situation leur pesait et Quentin avait encore une fois vomi ce qu'il lui restait de bile sur ses sauveteuses. Et en particulier Katia qui avait horreur de ça.

145

Le dégoût lui monta si haut dans la gorge qu'elle faillit l'imiter. Elle abandonna brusquement Lisa pour partir en courant avaler quelques bouffées d'air marin bienfaisantes.

Hisser le gaillard par l'étroite ouverture de la porte arrière fut leur dernière mission. Elles la remplirent à grand renfort d'imagination et d'intenses efforts musculaires.

C'est en sueur qu'elles arrivèrent au pied de l'immeuble de Katia où l'exercice dût se faire en sens inverse.

*

Il n'était plus temps de plaisanter. Elles étaient épuisées, dégoulinantes de sueur, les bras brisés par la charge. Heureusement, Quentin s'éveillait doucement et commençait à les soulager.

Il tituba jusqu'à la porte de l'ascenseur, y entra seul et s'assit tranquillement au milieu, les jambes grandes ouvertes, les mains soutenant péniblement le reste du corps. Il souriait, ravi de cet exploit qu'il considéra comme une vraie performance sportive.

Les deux femmes furent obligées de monter les trois étages à pied, ne voulant pas risquer d'être encore aspergées par quelques fusées nauséabondes.

Elles récupérèrent l'olibrius sur le palier et le conduisirent directement dans la douche en l'assistant chacune d'un côté.

*

À l'interrogation de savoir s'il fallait le couler tout habillé sous le jet glacé, elles répondirent de concert, égrillardes, qu'il n'en était pas question et qu'il était enfin temps qu'elles aient une récompense à leurs efforts en dévêtant entièrement leur ami.

Quentin, nu comme un ver, commença à recouvrer ses esprits et un semblant de lucidité. Lui, si habitué à ces soirées où personne n'ignorait rien de son corps, s'en trouva gêné.

Katia et Lisa, ravies d'être dans un rôle de voyeuses, commentèrent avec force détails et beaucoup d'ironie le spectacle qui leur était offert. Espérant que dame nature leur fournisse de quoi alimenter leur chronique et satisfaire quelques désirs inavoués. Il n'en fut rien et Quentin s'en alla dormir, les épaules aussi basses que son anatomie, dépité de ne pas avoir pu exhiber ce qui avait contribué à lui faire cette réputation égrillarde.

Katia mit immédiatement ses vêtements souillés dans la machine et embrassa Lisa qui, épuisée, voulait rentrer chez elle. Celle-ci la remercia vivement et lui proposa d'apporter le petit déjeuner dans quelques heures.

C'est en petite culotte qu'elle passa, arrogante, devant lui. Il se croyait déjà au paradis.

La tête lui tournait encore quand elle repassa complètement nue après sa douche. Elle prit tout son temps, comme pour se venger de la déception du spectacle précédent.

Un clin d'œil complice, accompagné d'un vigoureux « non non, mon beau, pas ce soir », fit comprendre à Quentin qu'en fait, il avait plutôt atterri en enfer.

*

Lisa débarqua vers onze heures. Quentin, redevenu volubile, détaillait ses différentes activités florissantes. La table de la cuisine fut recouverte des délicieuses viennoiseries encore tièdes qu'elle leur avait apportées. Le petit déjeuner fut animé, joyeux, serein, empreint d'une belle amitié partagée.

Bien sûr, il nia tout en bloc.

Il n'avait même pas mal à la tête...

C'est après un rafraîchissant jus d'orange qu'il confia à ses interlocutrices :

— Il faudra quand même que vous m'expliquiez pourquoi vous avez absolument voulu abuser de moi hier au soir...

Chapitre 44

Alice fit la tournée des agences immobilières. Ce fut rapide.

Deux concurrentes se disputaient un maigre marché.

La première lui parut trop conventionnelle, une vitrine guère attractive et des conditions contractuelles affichées très contraignantes. La directrice du cabinet, collet monté, lui déplut dès le premier contact. Son visage de rapace déplumé s'accordait avec une silhouette chétive et un boitement qui révélait un probable problème articulaire. Les biens à louer étaient classiques, trop chers et la masse de renseignements à fournir l'effraya. Surtout ceux d'ordre financier. Elle aurait du mal à expliquer la provenance de tout cet argent liquide.

Dans la deuxième, elle fut accueillie avec un vrai sourire, celui d'une jeune femme, enceinte elle aussi.

*

Claire Levallon, la jeune commerciale de l'agence, tout d'abord gênée par la froideur de sa cliente, mit cette attitude réservée sur le compte de son état de santé. Alice, méfiante de nature, avait de la difficulté à bien communiquer d'entrée. Elle dévisageait ses interlocuteurs de biais, avec un regard direct et pénétrant qui pouvait mettre mal à l'aise.

La grossesse avancée des deux femmes et la comparaison immédiate des deux ventres ajoutèrent spontanément du liant et permirent de briser définitivement la glace.

— Vous en êtes à combien de mois ? démarra-t-elle.

— Cinq, et j'ai hâte... enchaina Alice. Et vous ?

— Moi sept, et je suis moins ronde que vous. Je pense que le mien ne sera pas très gros...

La conversation s'engagea plus facilement et elles trouvèrent un terrain propice à la discussion. Elles échangeaient conseil sur conseil en vue de leurs prochaines maternités tout en feuilletant sur le grand écran de l'ordinateur le catalogue des locations raisonnables de la région.

Avec Claire, les modalités étaient simples : il n'y avait pas de caution pour les loyers inférieurs à cinq cents euros mensuels. Un trimestre d'avance suffisait.

Pour le reste, elle faisait confiance à cette femme qui savait exactement ce qu'elle voulait et qui se déciderait probablement très vite. Les affaires étaient plutôt rares en cette saison, elle ne ferait pas la fine bouche.

Elles se mirent rapidement d'accord pour aller faire une première visite immédiatement. Les photos n'étaient pas très explicites. Alice s'en tint aux explications détaillées de la négociatrice.

*

À une vingtaine de kilomètres de l'agence, du côté de « la mare aux gunneras » une petite maison à l'écart, entourée d'un charmant jardin, restait disponible. Le propriétaire était prêt à faire des efforts considérables sur le prix de la location. L'isolement et l'exiguïté des lieux — tout du moins pour une famille complète — avaient dérouté plus d'un client potentiel.

Il avait été impossible de la louer ou de la vendre depuis plus de deux ans. Elle n'avait que trois pièces, le confort était sommaire et la région très humide. La faute à cette étendue d'eau à l'est qui avait au moins l'avantage de la séparer de voisins trop curieux ou trop envahissants. Les feuilles immenses et les inflorescences spectaculaires de ces rhubarbes géantes qui la bordaient composaient une haie végétale à la fois magnifique et redoutable de densité. Alice voulait de la tranquillité. Elle serait comblée si elle décidait de rester ici.

Du côté opposé, à l'ouest, la maison était dominée par un bois touffu à l'entretien approximatif, propriété du châtelain du village dont le discret manoir dissimulé au fond de la deuxième vallée derrière les arbres cachait probablement quelques secrets inavouables. Qu'ils fussent d'argent, de cœur, ou autres.

*

Au sommet de la colline, au sud, un enchevêtrement spectaculaire de gros blocs de granit semblait garder tout le voisinage, menaçant de son ombre gigantesque les rares maisons alentour. Il obscurcissait la plus basse des vallées dès les prémices du soleil couchant et déroulait alors son spectre sombre sur les habitations. Les enfants apeurés y voyaient là un sévère avertissement quand ils ne faisaient pas leurs devoirs du soir.

On appelait une partie de cette construction sauvage « La roche aux trois pieds » en raison de sa forme si particulière. Une énorme pierre avait été posée, comme par magie, sur trois autres plus petites qui jouaient ainsi le rôle de supports pour l'éternité.

Cet abri avait donné lieu à quelques rites sataniques et servait de cachette à des loupiots rebelles et d'alcôve à des amours débutantes.

Désormais, ce monument mégalithique était à l'abandon, du moins c'est ce que les gens bien pensants s'avouaient, craignant de réveiller les esprits malins.

*

La légende locale voulait que quelque deux cents ans auparavant, Mère Zabeth, réputée à l'époque pour ses breuvages de sorcières qui guérissaient toutes les maladies mêmes les plus honteuses, fût engrossée sans qu'on lui connaisse de coquin attitré.

Était-ce l'œuvre du diable ?

Toujours est-il qu'elle avait gravi seule la pente si raide, soutenant tant bien que mal son ventre gonflé à l'extrême. Arrivée à la roche, elle s'était accroupie à l'abri de ce toit naturel et avait accouché, seule, se libérant de son précieux fardeau dans un cri terrible qui avait réveillé toute la basse vallée.

Elle l'avait essuyé en le roulant dans les feuilles qui jonchaient le sol à cette période de l'automne. Le cordon qui avait nourri ce beau garçon joufflu pendant plus de huit mois fut alors attaché autour d'un des trois pieds. Ce symbole, offert à la lune, protégerait désormais la progéniture illégitime.

Honteuse, Mère Zabeth avait voulu purifier de cette manière ce qu'elle savait de son fils. Car c'était celui du malin, celui du curé du village conçu pendant un exorcisme sordide.

Le surlendemain, les voisins affolés par les hurlements du nouveau-né découvrirent dans la masure le cadavre de la Mère Zabeth. Elle n'avait pas survécu à son terrible sacrifice.

Le bébé déshydraté, braillant sa solitude, trouva le réconfort auprès d'une famille d'accueil complaisante du bourg qui l'éleva jusqu'à ses quinze ans.

Il disparut ensuite un beau matin sans prévenir.

On a dit de lui qu'un capitaine de bateau peu scrupuleux en avait fait son mousse préféré sur toutes les mers du monde.

Chapitre 45

C'est la tête pleine de ces images que les deux jeunes femmes arrivèrent à Martinvast, « La campagnarde », nichée au fond d'une singulière vallée reculée.

Claire avait raconté l'histoire avec passion sur la route qui menait à l'endroit prévu. Peut-être s'imaginait-elle entre les trois pieds glacials polis par les courants d'air ?

Alice y vit une légende urbaine, sans plus. Il y avait longtemps qu'elle ne s'enflammait plus pour ce genre de rumeurs.

Avant tout, il était urgent de trouver ce qui était nécessaire pour que son fils puisse vivre sereinement et qu'il soit heureux, simplement, sans tous les tourments qu'avait connus sa mère.

Quant à elle, c'était de renouer avec ses propres valeurs qui lui importait.

*

La petite maison lui plut immédiatement.

Bien sûr, il y avait du travail pour la remettre en état, mais Claire connaissait des artisans sérieux acceptant du liquide sans être trop regardants sur sa provenance. Ce point était donc résolu.

L'isolement du lieu lui allait bien. La surface était suffisante pour eux deux et le jardinet lui permettrait de surveiller le bébé, allongée tranquillement au soleil sans vis-à-vis pour lire et se reposer. Peut-être oserait-elle même quelques séances de bronzage. Désormais, elle assumait beaucoup mieux son corps qui était devenu celui d'une vraie femme. Elle le tolérait sans gêne ni fausse pudeur. Un peu grâce à Théo qui l'avait aidée à franchir toutes ces barrières et à faire abstraction des relents de honte et d'injustice qu'elle trainait depuis son adolescence et sa terrible agression.

Elle reprendrait les longues promenades après l'accouchement. La région s'y prêtait, mélangeant les vallons escarpés, les bois aux fortes senteurs d'humus et les ruisseaux aux eaux glacées qui bruissaient en se brisant sur les obstacles du parcours.

Elle dit oui à la proposition de Claire.

Elle se vit enfin chez elle…

Chapitre 46

Alice se réveilla brusquement, la sueur perlait à grosses gouttes sur son visage déformé par un effroyable cauchemar, réminiscence d'une certaine nuit à la Pointe.

L'environnement dans lequel elle reprenait ses esprits lui était parfaitement inconnu. Un grand mur blanc s'étalait devant elle. Elle eut peur, quelques instants, d'être de nouveau à la Pureté. L'austérité du décor, le silence et les odeurs médicamenteuses lui rappelèrent le local de soin et d'isolement qu'elle avait trop fréquenté là-bas et dont elle ne voulait plus.

Elle se redressa d'un coup et ne reconnut pas son ancienne cellule.

Sa nouvelle situation lui revint alors comme une évidence. Elle était à l'hôpital de Cherbourg, dans la chambre numéro 4. Elle avait accouché hier au soir.

Seule, sans le père de l'enfant, sans aucune famille.

Le reste n'était que le vague souvenir d'un endormissement progressif dans lequel elle avait perdu pied.

Il n'y avait rien à côté d'elle, rien dans la pièce.

Où était son bébé ?

Où était Quentin, son fils ?

*

Cette absence la fit paniquer violemment. Incapable de se lever, elle hurla.

L'arrivée d'une infirmière la rassura. Un large sourire barrait un visage angélique. Sophie — le prénom était brodé sur la blouse — dut l'obliger à se taire en criant plus qu'elle.

— Il va bien, il dort dans la pièce d'à côté.

— Je veux le voir, supplia Alice, les larmes aux yeux.

— D'abord, calmez-vous, je vais vérifier ce que je peux faire, lui répondit Sophie d'un ton autoritaire qui ne laissait aucune place à la négociation.

— Je vous en prie, je n'ai que lui au monde...

— Je reviens dans quelques minutes, confirma Sophie.

S'il n'y avait eu son effrayant viol à la Pointe il y a quelques années, les minutes qui suivirent auraient été les plus longues de sa vie.

De petits gloussements de bébé affamé la sortirent de cette torpeur. L'angoisse de découvrir un être si fragile et presque inconnu la submergea. Elle n'en avait qu'un vague souvenir empli de douleur. Avant de sombrer dans un repos réparateur sous l'effet des sédatifs, elle ne l'avait cajolé que quelques instants contre elle.

— Qu'allait-elle trouver ?

*

Dans les bras protecteurs de la jolie soignante, une petite boule de poils noirs hérissés sur le dessus sortait à peine des plis de la blouse blanche. Aiguisés par la faim, les cris du nourrisson se transformèrent en hurlements suraigus.

Alice accueillit sur son sein gonflé la bouche gloutonne de Quentin, qui la reconnut immédiatement et se vengea de son absence en engloutissant la totalité de sa réserve. La deuxième tétine ne fut pas de trop.

Il s'endormit d'un coup, juste après un traditionnel rot qu'il décida très sonore. Éructé comme une menace à qui l'empêcherait de se reposer, voulait-il ainsi déjà affirmer une certaine autorité ?

Alice n'avait jamais été dans un tel état d'extase.

Les amourettes futiles avec les garçons de son âge, la passion destructrice avec Quentin, la liberté retrouvée après son séjour en prison, la redécouverte de l'amour charnel avec Théo, les longues balades solitaires sur le luisant, les lectures exhaltantes dans le creux des enrochements, tout cela passait désormais au deuxième plan.

Ce mélange de bonheur, de fatigue, de stress et de plénitude l'emporta comme un déferlement de grande marée.

Elle éclata brusquement en sanglots.

Sophie lui tendit un paquet de mouchoirs en papier et elles partagèrent alors un fou rire communicatif dont Alice avait perdu la vraie saveur depuis longtemps.

Chapitre 47

Les mois qui suivirent furent à ce point remplis de joie et d'harmonie qu'Alice en devint même aimable.

Elle se risqua à convier les deux couples de voisins pour un apéritif sommaire et convivial au cours duquel l'entièreté de la vedette fut bien évidemment donnée à Quentin. Celui-ci semblait déjà comprendre l'intérêt que lui portait l'assemblée en paradant comme un jeune coq au milieu de la basse-cour. Les quelques gazouillis, mélangés aux bulles de salive qui agrémentaient son discours, ravirent ses admirateurs.

Ses invités en conservèrent un excellent souvenir et lui renvoyèrent la pareille à plusieurs reprises.

*

Alice était gaie, ouverte, communicative.

Ces nouvelles relations lui avaient permis de reprendre ses longues marches solitaires, car elle pouvait leur confier son rejeton chéri sans aucune inquiétude.

Elle avait besoin de ces efforts physiques, de cet abandon total en pleine nature, se concentrant sur des objectifs de plus en plus ambitieux qu'elle cherchait toujours à dépasser.

Elle s'était offert un bracelet connecté à son téléphone portable qui lui était utile pour suivre ses progrès. Son ami virtuel, comme elle l'appelait, ne quittait plus son poignet et l'aidait à se remettre en forme après cet accouchement difficile.

Se contentant du strict minimum pour ne pas éveiller l'attention sur des revenus qu'elle aurait du mal à justifier, elle vivait chichement, mais enfin elle vivait.

Elle passait de longs moments sous la roche aux trois pieds, dont elle avait nettoyé l'excavation qui la protégeait à la fois des indiscrets et des vents du nord. Elle s'y installait avec Quentin, lové dans ses bras. Elle dévorait des livres à haute voix et lui faisait la lecture. Le regard perpétuellement étonné du bébé bien incapable d'y comprendre quoi que soit croisait celui de sa mère, pleine d'admiration et d'attendrissement. Il y avait entre ces deux-là un amour infini.

*

Dans ce ciel bleu sans nuages, une pensée l'obsédait encore.

Quand oserait-elle retourner à Coutainville et montrer tout son bonheur ?

À sa sœur...

Et à tous ceux qui l'avaient condamnée...

Chapitre 48

Le vent du nord était glacial. Balayant violemment le musoir, il bousculait les volets mal attachés qui crépitaient sur les façades trempées des remontées d'embruns et faisait hurler les interstices entre les gros blocs de pierre qui consolidaient la digue.

*

Isabelle tremblait.
De tout son corps.
De toute son âme.
Pétrifiée dans l'encoignure qui desservait l'étroit escalier menant à la maison de son fils, l'émotion d'être à quelques mètres, à quelques secondes de lui et de ses petits enfants la tétanisait. Elle en avait oublié tous les mauvais souvenirs liés à son départ déguisé.
Elle devait oser. C'était comme un appel. Quentin en avait besoin, elle en était sûre. Il n'avait probablement pas cru à sa disparition. Elle le ressentait. Comme seules les mères peuvent l'éprouver, y compris à des milliers de kilomètres.
Lui pardonnerait-il sa lâcheté pour cet homme qu'elle avait furieusement aimé et qui n'était même pas son père ?

*

Elle gravit laborieusement les quelques marches qui la séparaient de ces extraordinaires retrouvailles. Depuis quelques mois, sa hanche droite la faisait horriblement souffrir. Un dernier sursaut d'énergie lui permit d'arriver jusqu'au palier. La douleur n'était rien à côté du bonheur présumé qui allait l'inonder dans quelques instants.

À travers l'immense baie qui dominait la mer, elle apercevait les deux bambins assis en tailleur devant un écran plat démesuré. Un dessin animé les rendait joyeux et les couleurs vives des personnages se reflétaient sur leurs visages, leur procurant l'apparence des jolies poupées en fausse porcelaine gagnées aux stands de foire.

Timéo, l'aîné, remarqua alors la vieille dame qui resta figée. Appuyant sa belle frimousse contre la vitre, il y écrasa son nez et ses lèvres, lui donnant un air grotesque. Il accompagna le tout d'une sévère grimace, ce qui l'amusa beaucoup. Isabelle ne put s'empêcher elle aussi de s'en réjouir et lui fit un léger mouvement amical de la main.

Timéo lui tira une longue langue bleuie par les sucettes avalées tout au long de la soirée et courut chercher son père en hurlant à travers la maison.

— Papa, il y a dehors une sorcière qui m'a fait signe et qui m'a souri. Elle est affreuse et elle fait peur.

Se précipitant vers sa jeune sœur pour lui couvrir les yeux de tous ses petits doigts, il ajouta :

— Je ne veux pas qu'elle voie ça. Elle va encore gueuler toute la nuit. Demain j'ai quelque chose de très important à l'école et je dois être en forme.

— Timéo, tu exagères, s'exclama Quentin, éclatant de rire.

Décidément, ce gamin était imprévisible et surprenait toujours son entourage.

Quentin s'approcha de la vitre, scruta l'obscurité. Il n'aperçut que le ressac éternel des vagues qui cognait la digue.

Au loin, sous la pâle lueur d'une lune flemmarde, seul un couple d'amoureux transis avançait main dans la main, la tête de la femme délicatement enroulée dans l'écharpe de son compagnon et affectueusement posée sur une de ses épaules.

Ce ne pouvait être eux.

Timéo avait rêvé. Ou alors était sorti de son imaginaire d'enfant un des personnages qui s'agitait frénétiquement dans la télévision ?

Nina pleurait, elle ne voyait plus rien de son film et allait en rater la fin.

Quentin demanda à son fils de libérer sa sœur quand l'amusant drelin de la sonnette raisonna dans le grand hall.

*

Julie s'était écroulée sur son lit. Assommée par la faramineuse quantité de tranquillisants et d'antidouleurs qu'elle ingérait quotidiennement, elle s'était endormie depuis plus de deux heures. Elle n'entendit même pas son mari hurler comme jamais.

Un NON...! tonitruant raisonna comme un tonnerre dans la maison et effraya les enfants.

Quentin s'appuya au chambranle pour ne pas défaillir. Un énorme choc émotionnel le cueillit froidement lorsqu'il ouvrit l'épaisse porte d'entrée.

Il découvrit alors la fameuse sorcière entrevue par Timéo quelques instants plus tôt.

*

Dans la nuit humide et poisseuse qui avait enveloppé Coutainville, décharnée et livide, mais toujours fière et digne, Isabelle regardait son fils qui la croyait morte depuis plus de six ans.

Chapitre 49

Quentin hésita quelques secondes tout au plus avant de s'écrouler en larmes dans les bras de sa mère.

Celle-ci avait du mal à supporter le poids de son fils et lui demanda, d'une voix brisée par l'émotion, de l'autoriser à s'asseoir.

Timéo vit alors débarquer dans le salon la silhouette spectrale qui l'avait tant effrayé quelques minutes auparavant.

Après avoir saisi sa sœur par la main et l'avoir entrainée de force dans la chambre, ils se coulèrent sous le lit de la petite. Nina avait agrippé sa plus grande poupée par la tête et son frère avait tout juste eu le temps d'attraper au passage un de ses gigantesques vaisseaux spatiaux servant habituellement au transport des poneys qui jonchaient la moquette épaisse de la pièce.

Ainsi armés, ils attendaient que le combat commence, serrés au plus près comme deux siamois.

*

Quentin s'était écroulé aux pieds de sa mère. Il lui semblait sortir d'un mauvais rêve après avoir fait l'impasse sur plusieurs années de bonheur, évanouies à jamais. Comme un immense trou noir. Un trou noir malfaisant qui l'avait ravagée, son allure de reine, son visage parfait et ses grands cheveux de jais qui s'envolaient au moindre souffle.

Il avait en face de lui une vieille dame, ridée comme une pomme cueillie depuis trop longtemps, et dont le regard sans vie s'était éclairé lorsqu'il avait croisé celui de son fils.

Quentin avait changé aussi. Son quotidien dissolu lui avait fait prendre de nombreux kilos. Les cernes sombres étaient révélateurs du stress lié à la santé déclinante de Julie qui le minait jour après jour. Il compensait ce mal-être par des comportements destructeurs qu'il se reprochait, mais contre lesquels il n'arrivait plus à lutter.

Isabelle avait du mal à le reconnaitre dans ce personnage bouffi, aux yeux gonflés par l'émotion des retrouvailles et la consommation d'alcool.

Ce fils, qu'elle avait quitté si séducteur, si généreux, si volontaire…

*

Il était comme un gamin retrouvant son innocence. Incompréhension, émerveillement, stupeur, il n'arrivait plus à contenir ce flot de larmes qui le submergea brusquement, violemment, comme une vague assassine qui noie tout sur son passage…

166

Chapitre 50

Quentin se redressa subitement. Il sanglotait.

— Je dois parler aux enfants…

— Ensuite tu vas m'expliquer…

— Peut-être…

— Je ne sais même pas si j'ai envie de savoir…

— Je suis perdu, choqué, furieux...

Isabelle restait stoïque, attendant que tous ces sentiments contraires, exacerbés par la situation, finissent par faire une pause.

— Où est Sven ? ajouta-t-il, appréhendant la réponse.

— Il n'est plus de ce monde. J'ai dispersé ses cendres à Jersey il y a quelques mois, commenta-t-elle, le regard de nouveau conquérant.

— À Jersey ?

— Je vais te raconter…

— Je reviens.

Quentin se leva difficilement. Il titubait comme quand il sortait de ces soirées bien arrosées et qu'il cherchait à tâtons la bonne route pour rentrer.

*

— Je dois vous parler, sortez de dessous le lit.

Quentin essayait de tirer de leur cachette les deux enfants terrorisés quand Julie débarqua dans la chambre, titubante.

Ses cheveux étaient hérissés. Elle portait son habituelle nuisette rose — celle dont Quentin avait horreur — trop grande pour ce corps amaigri et ses deux bras reposaient sur de larges béquilles. Son air hébété n'était pas très engageant.

Elle tenta de marmonner deux ou trois phrases auxquelles personne ne comprit rien.

— Que veux-tu dire ?

— Que veux-tu dire ? répéta son mari en détachant lentement chaque syllabe — le mot chéri avait disparu de leur vocabulaire depuis longtemps —.

— Que se passe-t-il ? réussit-elle à articuler.

— Ma mère est revenue, elle est vivante, dans le salon !

— Ah bon… très bien…

Elle prononça ces quelques paroles terribles avec un total détachement. Le mouvement à peine perceptible de ses lèvres asséchées par les médicaments finit d'énerver Quentin qui lui montra la direction d'où elle venait sans aucun commentaire.

Julie retourna comme un zombie dans son lit médicalisé comme à son habitude, elle n'eut pas le moindre regard pour son entourage.

*

Une fois leur mère repartie, les deux enfants sortirent de leur repaire et se jetèrent dans les bras de leur père.

— La dame qui est dans le salon et que Timéo a aperçue tout à l'heure dehors sur la digue est votre grand-mère. Ma maman, qui était en voyage très loin et qui en est revenue.

— Tu nous avais expliqué qu'elle était morte, questionna l'ainé.

— Je le pensais, car je n'avais pas de nouvelles. Là où elle était, elle ne pouvait pas nous joindre.

— Nous allons lui dire bonjour, proposa Quentin.

— Mais elle est affreuse, elle m'a fait peur, articula difficilement le garçon en tremblant.

— Elle est simplement fatiguée par le trajet.

— Tu te souviens ? Je vous ai montré des photos d'elle lorsqu'elle était à Coutainville, elle était alors très belle.

Quentin prit Nina dans ses bras. Elle ne comprenait pas grand-chose à toute cette histoire et fixait son père avec de grands yeux étonnés. Une légère hétérochromie confirmait ses origines et lui donnait, comme à lui, une spécificité dans le regard à la fois troublante et charmante.

*

Le trio arriva dans la pièce.

Timéo était caché derrière son père, plein d'angoisse, comme chaque fois qu'on l'emmenait chez le dentiste ou qu'il avait affaire à une personne inconnue qui débarquait brusquement dans son quotidien sécurisé d'enfant.

Nina, très curieuse, tendait le cou pour mieux apercevoir la mystérieuse invitée du soir. Les surprises l'excitaient toujours beaucoup.

Debout de nouveau, Isabelle, qui s'était refait un visage plus avenant, attendait comme une héroïne thaumaturge de pouvoir relater ses aventures et d'embrasser la chair de sa chair.

Chapitre 51

Les retrouvailles entre le fils et sa mère furent agitées.
Toutefois, l'incompréhension de la disparition injustifiable et
la colère qui en découlait cédèrent rapidement face à l'amour
filial et au bonheur de se revoir.

Isabelle raconta dans le détail comment elle avait pris la
décision de gérer le dilemme dans lequel le viol d'Alice par
son compagnon l'avait placée. Elle motiva son choix par la
grande passion qui l'unissait à Sven. Quelques remarques sur
le réel comportement de la victime émaillèrent aussi son
histoire.

Elle ne l'avait jamais beaucoup appréciée, déjà à l'époque
où Quentin la fréquentait régulièrement. Elle la trouvait
bizarre et décalée.

Si elle n'avait plus aucun doute sur la culpabilité de Sven,
elle n'avait jamais pu admettre la sanglante vengeance de la
victime et les terribles séquelles qui en avaient résulté,
finissant par l'immobiliser dans un fauteuil roulant. C'est
Alice qui l'avait conduite à l'effrayante extrémité d'abréger
elle-même les souffrances du malade.

*

Les relations de la grand-mère avec ses petits-enfants étaient au beau fixe. Isabelle rattrapait ainsi de longues années d'absence. Elle goutait avec délice leur innocence et se gavait d'amour et de bonheur. Même si une santé désormais fragile et une douleur récurrente dans les hanches ne lui permettaient pas d'être une compagne de jeu très opérationnelle.

Elle s'occupait des bambins et soulageait Quentin qui se reconcentrait sur ses affaires, dont certaines commençaient à perdre sérieusement de l'argent, faute de directives précises.

Installée dans la grande maison de son fils, elle s'était parfaitement intégrée. Garde-malade idéale pour Julie, elle l'adorait et faisait preuve d'une patience, d'une compassion et d'un dévouement presque maternels envers sa belle-fille.

Celle-ci le lui rendait tant bien que mal. Elle trouvait auprès de cette femme le réconfort et la complicité toute féminine qui lui manquaient chez son mari, autant absent que devenu distant.

Chapitre 52

La mer était très agitée ce soir-là. Tout comme Alice, dans sa tête et dans son corps.

Dans le havre, la houle chahutait les bateaux amarrés. Ils ondulaient comme dans une danse obscène, essayant frénétiquement de se libérer pour aller voguer au loin. Ce pour quoi ils avaient été conçus originellement.

Et les grosses bouées rondes jaunes, rouges ou vertes qui marquaient les chaines les retenant, ballottaient furieusement et dessinaient de belles arabesques de couleurs dans la nuit.

*

Quentin Junior était frigorifié par le parcours qu'il venait d'effectuer, coincé dans le mince sac de transport accroché au ventre de sa mère. Il respirait à pleins poumons les embruns humides et son haleine puissante et époumonée. Il découvrait un paysage inconnu qui le fascinait.

Noirceur et abandon.

Lumière et agitation.

Il ressentait profondément dans sa propre chair une anxiété et un stress inhabituels chez elle. Elle n'était pas tout à fait comme d'habitude.

Ces images superbes, ces ambiances uniques, ces sentiments troublants resteraient à jamais gravés dans son jeune esprit.

Alice revenait sur les lieux du drame. Elle l'avait voulu de tout son être. C'était une nécessité absolue. Combattre cette appréhension de revoir un passé si destructeur pour arriver à le vaincre et l'effacer une bonne fois pour toutes.

Sa volonté farouche et son mental incroyablement solide l'avaient aidée à franchir une par une toutes les étapes de cette libération salvatrice.

Retrouver les traces de sa course éperdue sur le haut des dunes, les grandes herbes fines et fières cinglant ses jambes frêles jusqu'au sang...

Éviter les innombrables ouvertures de terriers dans lesquelles elle avait brisé sa cheville...

Oublier le souffle haletant de son agresseur, qui se rapprochait inexorablement...

Se laver de l'impureté d'une pénétration violente et répugnante qui avait changé à tout jamais son rapport avec les hommes...

Enterrer ce terrible geste de vengeance qui l'avait amenée à trainer le violeur sanguinolent sur le parking, attaché à son véhicule comme une viande à l'étal...

Pardonner à Quentin de l'avoir trahie avec sa propre sœur et d'avoir soutenu sa mère, complice de son persécuteur...

*

Fini. Tout cela allait être fini, effacé, oublié.

Ce soir, elle fermerait définitivement les yeux sur tant d'injustices.

Pardonner pour être heureuse.

Retrouver la sérénité et partager cette liberté reconquise avec son fils.

*

C'était décidé, elle irait revoir sa sœur.

Elle lui demanderait pardon.

Elle rencontrerait ensuite celui qui lui avait inspiré le prénom de son fils. Elle devrait se conformer aux règles du jeu. Et même si elle avait intégré qu'elle n'était définitivement plus la préférée, elle continuerait de penser chaque minute de son existence que les deux yeux vairons auraient dû être les compagnons de toutes ses journées.

Chapitre 53

Quentin s'était assoupi dans le large et profond fauteuil anglais, compagnon fidèle des fins de soirées arrosées. Il aimait s'y abandonner et y somnoler, repensant aux bons moments passés quelques heures auparavant avec ses amis. L'odeur du cuir vieilli et le confort moelleux de l'assise usée par les incessants aller-retours des enfants étaient pour lui source de repos et de décontraction.

C'était même le premier endroit où il se jetait dès qu'il arrivait à la maison. Les deux bouts de chou l'entouraient alors, chevauchant les accoudoirs comme d'émérites cavaliers rompus aux cascades les plus folles.

Nauséeux, il n'était pas très en forme. La journée à Granville avait été longue. Une âpre négociation pour le rachat d'un atelier de construction maritime l'avait accaparé depuis ce matin. Le propriétaire de l'entreprise, un crapoussin de la pire espèce, l'avait passablement énervé. Cette affaire démarrait mal.

Il s'était ensuite occupé de Timéo et de Nina et avait partagé avec eux le repas préparé par sa mère. Celle-ci se reposait dans sa chambre et devait probablement lire à cette heure. Elle dormait peu et évitait de sombrer trop tôt, craignant les insomnies.

Julie, comme à son habitude, ronflait déjà.

*

Ce soir-là, il était plus de vingt-trois heures et la maison était calme. À part lui, personne d'autre n'était présent dans l'immense salon. Par la large baie, on apercevait encore vaciller quelques minuscules et lointaines lumières sur la mer, celles des iles ou des bateaux rentrant tard, qui disparaitraient comme des lucioles aussi rapidement qu'elles étaient arrivées.

Les deux enfants dormaient enfin.

Trois histoires avaient été nécessaires pour obtenir un peu de quiétude.

Son téléphone portable sonna.

*

La sonnerie lui parut lointaine. Quelques longues secondes lui furent nécessaires pour réagir. Il décrocha et c'est d'une élocution pâteuse qu'il commença à bougonner.

— Oui, allo ?

— Bonsoir. Il est tard pour appeler. J'en suis désolé. Mais ce que j'ai à vous dire ne pouvait pas attendre à demain.

— Qui êtes-vous ? marmonna-t-il.

— Ah oui, pardon. Je suis le docteur Lesoin, le médecin de garde de la clinique du Marais.

Quentin se dit qu'un aptonyme comme cela, ça ne pouvait pas s'inventer.

La voix était douce et rassurante.

— Très bien, mais allez-y, vous m'inquiétez.

Quentin s'impatientait.

*

Isabelle était retournée dans la chambre de Timéo avec la petite Nina. Elle leur chantait une énième nouvelle comptine, sans vraiment réussir à les calmer. L'agitation soudaine à une heure aussi tardive dans la maison les avait autant apeurés qu'excités.

Ils n'avaient pas compris toute cette histoire dans laquelle leur mère devait partir au plus vite dans un lieu mystérieux où elle serait soignée.

À la question des visites, Quentin leur répondit qu'ils pourraient aller la voir.

Ils avaient bien intégré que l'on devait amener des cadeaux lorsque l'on se rendait sur place. Plutôt d'énormes sacs de bonbons d'ailleurs, avait précisé leur père. Ceci les avait beaucoup surpris, car maman avait horreur des sucreries. Mais bon, si leur père l'affirmait, ce devait être vrai.

Pour lui, ceci avait été une excellente manière de les consoler.

*

Julie était emmitouflée dans deux couvertures aux couleurs criardes qui contrastaient avec son teint d'une extrême pâleur.

Les pompiers avaient eu du mal à l'asseoir correctement dans le fauteuil roulant prévu pour l'occasion. Elle avait violemment rechigné et avait accepté de fort mauvaise grâce les conséquences de la décision prise de manière unilatérale par son mari.

Elle martelait depuis longtemps à son entourage que la transplantation d'un organe étranger dans son corps la gênait beaucoup, autant par éthique que par peur de la lourde opération nécessaire.

Quentin avait tout d'abord été très conciliant et pédagogue. Les échanges à propos du bienfait potentiel de l'intervention avaient ensuite tourné au vinaigre entre les deux époux. Il avait dû devenir plus directif et autoritaire lorsqu'ils abordaient de nouveau le sujet.

Comme ce soir.

Il ne lui avait pas laissé le choix.

La proposition du spécialiste d'opérer dans les heures qui suivaient avait sonné comme une victoire pour lui ; comme une série de contraintes de plus pour elle.

Elle appréhendait les douleurs, la rééducation, les médications, les visites de contrôle...

Il appréhendait l'installation à la clinique, les risques inhérents, le stress de l'avenir, l'abandon des deux bambins...

*

Quentin poussa les deux poignées du fauteuil, fermement, presque brutalement. Julie s'était retenue de toutes ses forces au précieux canapé anglais, puis au rebord de la lourde table à manger, enfin à la clenche de la porte d'entrée.

Ses yeux étaient révulsés. Il n'y avait plus rien de cette femme d'antan, de sa beauté, de son allant, de sa délicatesse. Ce n'était que souffrance, supplice, et crainte de ne plus jamais revoir les deux gamins qui s'étaient échappés des jupes de leur grand-mère pour venir lui tenir la main.

La tristesse fut ce soir-là au rendez-vous de toute la famille.

Les larmes furent contagieuses.

*

Hissée dans une camionnette rouge, elle avait posé ses mains en prière sur ses jambes immobiles, ignorant Quentin qui se glissait dans sa voiture.

Elle parvint tout juste à signifier un immense désarroi par un mince haussement de sourcils à l'intention des enfants.

Chapitre 54

L'opération s'était parfaitement bien déroulée. Julie récupérait rapidement dans la chambre vingt-trois de la clinique du Marais.

Dans la pièce voisine, la donneuse, qui voulait rester anonyme, se remettait doucement elle aussi de son intervention. Sur sa table de nuit figurait en bonne place une photo de son nouvel amour, ce Quentin Junior qu'elle adorait par-dessus tout et qu'elle ne lâchait pas des yeux.

Elle était fière d'elle.

Fière d'avoir rattrapé un peu le douloureux passé, ce geste atroce d'adolescente jalouse qui avait à jamais brisé sa sœur. Si c'était à elle de l'être désormais, ce n'était finalement que justice.

Elle vivrait avec quelques séquelles peut-être, mais pleinement réconciliée avec elle-même et sa famille.

*

En ce début d'après-midi, elle attendait patiemment la nounou qui lui apportait tous les jours son bébé, ce joli cadeau qu'elle avait tant espéré, même si le père n'était pas tout à fait celui qu'elle avait imaginé.

Comme tous les jours, elle le garderait soigneusement serré contre elle, attendrie par son regard curieux de tout et ses joues rebondies qu'elle martyriserait de centaines de doux baisers.

Elle souriait déjà quand on frappa trois petits coups puis deux autres plus marqués à sa porte. C'était le signal convenu pour qu'elle puisse déclencher l'ouverture à distance.

Toutes les précautions avaient été prises pour que le secret soit parfaitement conservé.

C'est elle qui déciderait du moment où sa sœur saurait qu'elle était la donneuse et qu'elle lui avait sacrifié un peu d'elle-même.

Elle se préparait à le recevoir, les bras instinctivement grands ouverts.

*

Le plus âgé des deux Quentin débarqua dans la chambre. Ce n'était pas celui espéré.

Elle éclata en sanglots et mit son oreiller sur la tête.

Chapitre 55

Quentin, qui possédait un excellent réseau de relations dans la région, avait réussi à se procurer le passe-droit de visiter la généreuse donneuse avant que les autorisations officielles n'arrivent.

Il se tenait, immobile, dans l'ouverture de la porte sécurisée.

Le contre-jour dessinait une silhouette empâtée, moins svelte que celle qu'avait connue Alice quelques années auparavant. Elle l'avait tout de même immédiatement reconnu.

Il était gêné, emprunté et l'ombre d'un gigantesque bouquet de fleurs bouchait toute l'entrée.

Il ne savait pas qui il allait rencontrer. Afin de mieux le préparer, on l'avait juste prévenu que ce serait une énorme surprise.

Il se fendit d'un timide :

— Bonjour, puis-je entrer ?

— Oui, bien sûr, lui déclara une voix étouffée par le coussin.

— Je suis venu vous remercier, enchaina-t-il.

— Je m'en doute.

Il fut étonné de cette réponse directe.

Il avait au moins une certitude, cette élocution était celle d'une femme.

*

Quentin s'approcha du lit lentement, comme pour ne pas déranger cette malade convalescente probablement encore sous le choc de l'opération.

Il ne distinguait qu'une grosse bosse. Une longue mèche de cheveux blonds décolorés émergeait de l'amas de linge et dessinait une jolie arabesque.

— Votre geste est admirable.

Sa voix tremblotait d'émotion.

— Je ne sais pas comment, mon épouse et moi-même, nous pouvons vous remercier. Vous lui avez sauvé la vie.

La personne restait silencieuse.

— J'imagine que vous êtes aussi très fatiguée. Je dépose mes fleurs et je reviendrai vous voir dans quelques jours. Vous me ferez dire quand.

Il se retourna. Ses semelles de crêpe crissèrent sur le linoléum usé. Le bruit strident fit surgir Alice de sa cachette.

— Me remercier ? s'écria-t-elle, inconsolable devant cette apparition à la fois tant espérée et redoutée.

*

Quentin fut aussi abasourdi qu'au moment où sa mère avait réapparu quelques semaines plus tôt. C'était comme un uppercut en plein ventre qui s'enfonce brutalement dans les entrailles et vous coupe la respiration jusqu'à ne plus savoir distinguer les limbes du réel.

Alice était là, devant lui…

Il tituba et s'écroula mollement, le regard vide de sens.

Elle appuya sur la sonnette d'urgence.

Un infirmier mastard accourut, attrapa facilement l'évanoui sous les aisselles et le posa délicatement sur le fauteuil qui jouxtait le lit.

Quelques claques et sels d'ammonium plus tard, Quentin reprit ses esprits. La vue de l'impressionnante montagne de muscles l'effraya. Il ne savait plus où il était. Était-ce déjà l'enfer qu'on lui faisait gouter en pénitence de tous ses péchés ?

Alice agitait un bras pour attirer son attention.

Elle avait du mal à garder tout son sérieux.

Chapitre 56

Toujours aussi chochotte ! s'exclama-t-elle. Décidément tu
ne grandiras jamais !
L'infirmier vérifia que tout allait mieux et se retira.
Quentin n'en revenait pas.
— C'était donc toi ? murmura-t-il, la bouche encore pleine
de coton.
— Oui. Pas mal comme preuve d'amour non ?
— Là, j'avoue que tu as assuré.
Le ton des deux se voulait enjoué.
Passés les affrontements, les disputes, les reproches,
l'heure était à la cessation des hostilités. Il restait deux
adultes qui devaient en découdre sur le terrain des
réconciliations.

*

La conversation ne dura pas très longtemps. Les échanges
étaient brefs et Alice, comme à son habitude, allait
directement au vif du sujet, coupant très souvent la parole à
son interlocuteur.
Elle avait très vite pris connaissance des tourments dans
lesquels évoluait sa sœur et n'avait pas voulu l'abandonner
ainsi. Elle s'était donc portée volontaire pour le don d'un de
ses reins, anonymement. Elle regrettait toutes ces vilaines
vieilles histoires et souhaitait tirer un trait définitif.

Ce sacrifice avait profondément ému Quentin.

Il avait alors juré, au nom de leur ancienne amitié, qu'il respecterait le choix de celle-ci et lui laisserait l'entière liberté de l'annoncer elle-même, à qui elle le voulait et quand elle le déciderait.

Quant à leur antagonisme d'antan et à l'agression assassine dont elle s'était rendue coupable à son encontre, les deux protagonistes n'en dirent pas un seul mot.

Elle avait payé pour cela.

Peut-être aussi que cette infinie tendresse et cet amour sincère qui transpiraient par tous les pores de la peau d'Alice avaient fini par amadouer un Quentin soulagé par ce repentir.

*

Il se retourna une dernière fois, lui fit un léger signe de la tête. Il n'y eut aucune effusion. Elle lui renvoya son au revoir, encore émue par cette visite imprévue. Elle resta toutefois sobre, même un peu distante. Il ne s'attendait pas à autre chose.

Il ne lui demanda pas quel était cet enfant joliment encadré posé sur la haute table de nuit en métal. Il n'osait imaginer la réponse. Il n'aurait voulu à aucun prix qu'il fût de son beau-père…

Il avait beaucoup lu Guy de Maupassant et se rémémorra alors de ce passage qui l'avait beaucoup marqué : « Le baiser frappe comme la foudre, l'amour passe comme un orage, puis la vie, de nouveau, se calme comme le ciel, et recommence ainsi qu'avant. Se souvient-on d'un nuage ? »

Il referma la porte sur son passé.

Chapitre 57

Alain était affalé sur le bureau qui lui servait souvent de lieu de repos et de décontraction. Il ne comptait plus les nuits blanches passées dans ce réduit dont il était le seul locataire. C'était bien là son unique avantage. Sa récente promotion lui avait valu ce privilège.

Perclus de pernicieuses douleurs, le cou meurtri par une mauvaise position et la joue marquée de la trace du clavier sur lequel il s'était écroulé, il commença à émerger laborieusement.

Il se leva pour aérer l'endroit confiné où il avait encore travaillé une grande partie de la nuit.

Il avait refermé rageusement le dossier vert pâle vers les trois heures du matin. C'était le plus épais, celui du dessus de la pile.

Tout concordait, il en était sûr désormais.

Cela l'ennuyait. Il avait du mal à admettre la conclusion, même si son activité au quotidien, c'était bien ça : croire en des vérités invraisemblables.

*

Il se hissa sur la pointe des pieds pour humer un peu de cet air qui lui avait manqué durant la nuit. Le velux était haut placé, mais en faisant quelques efforts, on arrivait à apercevoir un bout de l'immensité bleue qui cernait Cherbourg de toutes parts.

Fallait-il encore une fois remettre à l'ordre du jour ce passé qu'il avait voulu effacer ?

Savoir qu'Alice était sans aucun doute la complice de Théo dans cette ténébreuse affaire du vol de Saint-Vaast-la-Hougue, cela lui rappelait la précédente histoire. Il l'avait mal vécue. Participer à sa condamnation alors qu'il la connaissait si bien, depuis si longtemps. Aller même jusqu'à soupçonner son meilleur ami de dissimulation de preuves. De bien mauvais souvenirs que tout cela.

*

Il avait soigneusement examiné et analysé tous les indices liés au dossier.

Avec patience.

Avec ce souci du détail qui agaçait bien souvent ses collaborateurs, mais qui restait d'une redoutable efficacité dans la résolution des affaires les plus tordues. C'était un fin limier. En quelques mois, il s'était ainsi bâti une solide réputation et était admiré par l'ensemble du commissariat.

Il était dépité.

Alice !

Encore une fois !

Pourquoi s'était-elle associée à cette petite frappe sans envergure ?

*

Il s'empressa d'aller aux toilettes pour remettre de l'ordre à la fois dans ses pensées et dans son apparence. Quelques ablutions glacées le requinquèrent immédiatement.

Sa barbe de quelques jours commençait à être très blanche et très envahissante. Le visage fatigué qu'elle encadrait l'effraya au détour du miroir. Torse nu, il constata en même temps que l'absence répétée d'exercice physique avait alourdi une silhouette auparavant sportive. Il fallait se reprendre en mains. Rapidement. Au risque de sombrer définitivement dans un nihilisme pas très encourageant pour l'avenir et de perdre finalement tout pouvoir de séduction.

Il réagirait dès que l'affaire en cours serait résolue et que le fameux cachet « À classer » ornerait de sa rondeur administrative le classeur intitulé « Théo Moscato ».

Chapitre 58

Au petit matin, il faisait frais quand Alain sortit du commissariat, pensif comme souvent, triste comme toujours. Il remonta le col de sa veste froissée par cette nuit inconfortable.

Il trouvait dans son travail la passion qui n'existait plus dans sa vie personnelle. L'absence d'enfants lorsqu'il rentrait le soir — lorsqu'il rentrait — lui pesait lourd sur le moral. Les relations avec sa femme restaient ce qu'elles avaient pratiquement toujours été : plates et sans saveur.

À quarante ans, tout était encore possible bien sûr et de nouvelles perspectives trottaient dans sa tête. Un jour ou l'autre, il se déciderait.

*

Il se dirigea directement vers le café de la Place où l'attendaient son double-crème et sa demi-baguette beurrée. Ce cérémonial lui rappelait à chaque fois Lisa et leur ancienne complicité autour de ces petits déjeuners pris devant la grande baie du bar de la Digue. Il n'avait pas osé aller jusqu'au bout avec elle. Lui, l'homme courageux, payé pour assumer de lourdes décisions au quotidien et pour ne pas trembler, quelles qu'en soient les circonstances.

Il le regrettait.

Au fond de lui, c'était comme une lueur qui vacillait, hésitante. Ne sachant pas s'il fallait l'éteindre ou enfin la raviver.

Il trancherait plus tard. Plus tard, toujours plus tard !

*

Simon Lebru lui décocha un aimable bonjour. Devant l'absence de réponse et la mine défaite d'Alain, il se douta que la nuit avait encore été trop courte. Il l'avait probablement passée à dormir affalé sur le bureau, après des heures de travail de fourmi entrecoupées d'énormes sandwichs jambons beurre que son adjointe lui préparait avec délicatesse et attention.

— Tu devrais rentrer te reposer. Ta tête est pire que celle des racailles que tu coinces au quotidien, déclara-t-il avec son franc-parler habituel.

— Tu fais peur et peine à voir, ajouta-t-il.

— J'étais sur un dossier important. Et tu sais que je ne lâche jamais sans avoir trouvé la solution, dit Alain comme pour se justifier.

— Mais tu as raison. Je vais me détendre une partie de la matinée. J'ai bouclé le cas. Je peux décrocher désormais.

— Raconte...

Simon le suppliait, curieux qu'il était de toutes ces affaires.

Il adorait les plus sordides qu'il s'empressait de relater à son tour et de déformer à loisir. Le commissaire lui connaissait son goût pour ces révélations. Il ne lui livrait que quelques extraits sans gravité et les enjolivait pour rehausser leur intérêt. Le barman se sentait valorisé. Alain exigeait alors de lui la plus grande discrétion. L'autre lui jurait qu'il serait muet comme une carpe, les deux jambes bien croisées sous le comptoir comme pour mieux se défaire de sa promesse.

*

— C'est une vieille histoire. Celle d'un couple récidiviste dont on n'avait jusqu'à présent décelé que l'homme. Le cerveau est probablement la femme. Je pense l'avoir identifiée.

— Je la connais ? demanda Simon.

— Surement pas, répliqua le policier de son ton le plus glacial et terrorisant.

— Autrement, elle t'aurait déjà planté un de tes immenses couteaux de cuisine dans le ventre et découpé en morceaux pour t'entreposer dans ton congélateur du sous-sol. Elle est redoutable et agit toujours de sang-froid. Surtout dans les bars en fin de soirée…

*

Simon, comme à son habitude, ne quittait pas les lèvres du commissaire. Les yeux ronds grands ouverts sous de généreux sourcils en accent circonflexe, la langue pendante, il buvait la moindre goutte de l'histoire comme les plus insatiables soiffards de son bar.

Alain parlait le plus sérieusement du monde. Il se demandait toujours si son interlocuteur, les bras tendus et les mains posées à plat sur le zinc comme pour mieux encaisser ces horribles faits divers, y croyait vraiment.

Finalement, l'important n'était pas là. Il suffisait qu'il y ait suffisamment de sordide et de sensationnel pour que Simon en fasse le centre d'intérêt des conversations avec les clients du jour.

Demain serait un autre jour pour une nouvelle anecdote. Ou pour une suite sanguinolente.

*

Alain bâilla largement. Il était temps de rentrer. Il fit un signe de tête au barman pour faire porter l'addition sur sa note et mit un doigt verticalement en travers de la bouche pour lui intimer le silence absolu sur cette délicate affaire.

Il était ainsi sûr et certain que le secret serait partagé dans les minutes qui suivraient.

*

Il s'approcha de son véhicule de fonction garé devant le commissariat en marche arrière pour dégager plus vite en cas de besoin. Le bip agaçant du déverrouillage des portes à distance lui rappela qu'il serait chez lui dans quelques minutes.

L'ambiance y serait beaucoup moins chaleureuse et conviviale qu'au bar de la Place.

Qu'allait-il encore subir comme réflexions désobligeantes ?

Chapitre 59

Sur la route du retour, Alain n'arrivait pas à se détendre. Comment allait-il gérer la clôture du dossier ?

Il y avait beaucoup d'affectif dans cette histoire et la précédente condamnation d'Alice lui avait semblé trop lourde.

Remettre le sujet à l'ordre du jour l'ennuyait et se retrouver de nouveau à Coutainville avec Quentin, Julie, Lisa et les autres dans un tel contexte serait une vraie épreuve.

Il avait tiré un trait sur tout cela, jusqu'à se faire muter. Ce n'était vraiment pas utile de remuer encore une fois ce gâchis.

*

Il était à peine 9 heures 30. Il entama un long détour. Il n'avait pas du tout envie de rentrer pour croiser son épouse qui serait encore là.

Elle prenait son service à 10 heures 30 et partait tous les matins inexorablement une demi-heure avant.

Responsable du stock dans la grande pharmacie de Cherbourg, elle y allait à contrecœur.

Alain ne supportait plus ses plaintes lancinantes et répétitives. Elle crucifiait ses collègues et les clients, se lamentait de ses conditions de travail, ou de son salaire de misère. Seul son patron passait à travers les gouttes, et l'on savait pourquoi.

Elle enchainait ensuite sur les reproches à son encontre. Toujours les mêmes : l'obligation pour elle d'exercer une activité puisque le revenu de son mari ne pouvait assurer le train de vie confortable dont elle avait rêvé ; le manque d'amis dans la petite résidence où ils louaient la maison exiguë de son prédécesseur ; le métier dangereux d'Alain et les fréquentations louches qu'il entretenait dans le cadre de celui-ci.

*

Sans beaucoup réfléchir, il tourna sur la droite à la sortie de la ville et entama une petite route qu'il ne connaissait pas. Il avait envie de s'isoler, de marcher dans la forêt, de respirer un peu d'air pur.

Il devait prendre une décision définitive pour la suite du dossier.

Il continua par la première sente carrossable qui le mena au fond de la vallée, à Martinvast.

L'endroit était charmant. L'étroite voie était entourée de ravissantes maisons nichées dans une nature abondante, protectrice et luxuriante. Un camaïeu de verts crus et de verts tendres s'étendait à l'infini, uniquement rythmé par un bruyant ruisseau sauvage qui exprimait ainsi son indépendance.

Les jardins particulièrement soignés étaient repus d'une humidité bienfaisante. Quelques palmiers créaient un fort contraste avec la végétation habituellement rencontrée dans ce genre de paysage.

Il laissa sa voiture sur le bord du chemin et commença à arpenter la longue montée qui conduisait au haut du village.

*

Quelques mètres plus loin, sur la maigre pelouse qui devançait une jolie maisonnette, un nourrisson effronté lui tira la langue.

Alain pensa que laisser un enfant de cet âge seul dans une poussette à l'extérieur n'était pas très prudent. Il continua, l'esprit préoccupé par le bébé.

Arrivé en haut de la côte qui menait à la roche aux trois pieds, il comprit que la mère le rentrait à l'intérieur. Elle l'accompagnait d'une voix douce et affirmée qu'il avait déjà entendue. Le vent qui portait dans sa direction l'aida en cela.

La silhouette était trop lointaine et diffuse pour qu'il se fasse une idée plus précise de qui elle était réellement.

Il était au moins rassuré. Le bambin était à l'abri, car l'orage menaçait.

Chapitre 60

Alain se réveilla tout d'un coup, trempé comme une soupe. Des draches d'eau glacée s'abattaient sur lui. Il s'était assoupi, à moitié protégé par la grande pierre plate du monument symbole de toute une région.

Décidément cette roche aux trois pieds avait vu des visiteurs de tous profils et de tous acabits. Jusqu'à un commissaire endormi.

Le vent violent courbait le rideau de pluie qui arrivait en diagonale et parvenait à s'immiscer sous la construction. Un petit torrent de boue s'était formé et dévalait du haut de la colline, entrainant avec lui son lot de feuilles mortes, de branches et aussi de papiers gras.

Alain dut replier les jambes pour ne pas être recouvert.

*

Le somme lui avait fait du bien. Les solutions à ses deux problèmes arrivèrent alors comme des évidences.

D'abord, il clôturerait le dossier de Théo. Il n'inculperait pas Alice. Bien sûr, sa conscience professionnelle en prendrait un coup, mais elle avait suffisamment payé — et finalement, cet épicier, ce comptable, étaient-ils vraiment des victimes ? se disait-il comme pour se rassurer.

Ensuite, il quitterait son épouse pour revenir à Coutainville et retenter l'aventure avec Lisa. Si ce n'était pas trop tard.

*

L'orage stoppa comme par miracle. Deux belles éclaircies déchirèrent le ciel encore lourd et plombé. Il les perçut comme une subtile métaphore après ces décisions.

Soulagé, ragaillardi, mais assommé par ce bref repos et frigorifié par les éléments, il se dépêcha de regagner son véhicule.

Le torrent de boue avait dévalé la colline. Au fil de sa descente, il s'était chargé et avait pris une importance démesurée. Sa voiture de fonction était partiellement noyée. Il s'était garé dans un creux et la gadoue affleurait jusqu'au bas des portières.

Ses efforts pour la démarrer restèrent vains.

Trempé jusqu'aux genoux, les pieds nus, les chaussures lacées autour du cou, la mèche dégoulinante qui lui barrait le milieu de la figure et l'air renfrogné et hébété de celui qui se réveille en sursaut après une courte nuit peuplée de mauvais souvenirs, il sonna à la première maison qui se présentait.

Le bébé frondeur de tout à l'heure n'était plus dans le jardin.

Ce n'est qu'au troisième carillon qu'une femme qui boitait ostensiblement ouvrit la porte péniblement.

Alain ne reconnut pas immédiatement le visage pâle et souffreteux.

Chapitre 61

La femme s'appuya sur le chambranle de la porte, sous les effets conjugués de la fatigue et de la surprise.

Elle n'avait pas pu — pas su — oublier ce visage, celui d'un ami d'enfance et celui d'un des responsables de sa descente aux enfers.

Une terrible envie de meurtre passa aussi vite dans son esprit que les éclairs qui continuaient de déchirer l'arrière de la vallée.

Les bonnes résolutions de pardon, la quiétude retrouvée auprès de cet enfant, la joie de revivre sans arrière-pensée, tout cela fut laminé en un instant par cette apparition grotesque. Celle d'un de ses bourreaux, pieds nus dans la boue, trempé jusqu'aux oreilles, une paire de chaussures autour du coup.

Si ce n'avait été le réveil douloureux d'un passé qu'elle avait voulu désapprendre à tout jamais, la scène aurait prêté à rire et elle se serait fendue d'une petite pièce afin d'aider ce pauvre nécessiteux.

*

Un terrible rictus aux lèvres, elle essaya de lui interdire l'entrée. Alain l'en empêcha, glissant son pied gauche dans l'ouverture, oubliant qu'il n'avait plus de chaussures.

Il ne put contenir un énorme cri de douleur lorsque la porte lui comprima l'extrémité dans un craquement d'os révélateur. Ses bras ne furent pas de trop pour résister au sursaut d'énergie de la propriétaire des lieux et prévenir d'aller plus loin.

Le visage lui revint alors comme une évidence. La voix entendue tout à l'heure corrobora — comme il aimait à le dire dans ses enquêtes — cette impression. C'était Alice.

*

Alain n'avait plus aucun doute sur l'identité de la personne et essaya d'entamer le dialogue de la voix la plus douce et conciliante possible.

— Alice, je suis là par hasard, je suis en panne de voiture. Je me suis adressé à la première maison. Et c'est la tienne. Tu dois m'ouvrir et m'aider. Je dois téléphoner.

Les mots se bousculaient dans sa tête. Il fallait la rassurer. Il n'avait pas commencé de la bonne façon.

*

— Sale porc, sors de chez moi, j'ai suffisamment payé par ta faute. Je ne veux plus te voir. Disparais de ma vue. De ma vie.

Alice en bégayait. Son regard était le même que celui qu'elle avait lancé vers ses amis lorsque le verdict de sa condamnation était tombé. Il mélangeait une froideur résignée et une haine profonde. La sueur dégoulinait sur son visage autant que le torrent de boue à l'extérieur et ses mains tremblaient.

Elle ne voulait pas céder, mais la pression de l'homme était trop forte.

Elle lâcha brusquement prise. Puis elle s'enfuit, boitillante, jusque dans la cuisine. Alain, surpris, ne reconnut pas dans cette démarche claudicante l'ancienne sportive amatrice de longues marches forcées.

Elle s'empara d'un énorme couteau qu'elle brandit devant elle en frissonnant, comme si elle avait encore pu avoir la force de s'en servir pour autre chose qu'une menace bien futile.

— Tu es ridicule avec cette lame. Pose-la et discutons tranquillement.

Parfaitement calme, Alain détachait chaque mot, chaque syllabe, les yeux dans les yeux comme il avait l'habitude de le faire avec les délinquants les plus retors.

— Je ne veux pas te voir chez moi. Dégage.

Elle avait crié. Désespérée, la panique se lisait sur son visage.

Quentin Junior, réveillé par l'altercation, s'était mis à pleurer.

— Tu as donc un enfant, demanda Alain, baissant un peu plus la voix pour apaiser la situation.

— Et alors ? s'insurgea Alice.

— Dégage !
— Dégage !
— Ou je ne réponds plus de moi.

Elle avança le bras.

*

Les menaces succédaient aux menaces.

Alice avait recouvré son visage dur, un regard droit, plein de détermination. La main ne tremblait plus.

Alain la retrouvait comme à la barre des accusés quelques années plus tôt.

— Je ne peux pas admettre que tu sois là par hasard. Tu mens. Je vais appeler la police. Ou t'écharper. Au choix...

— Et finir avec toi ce que j'aurais dû finir sur Sven à l'époque, ajouta-t-elle, sans aucun trait d'humour.

— La police, c'est moi, répliqua fermement Alain.

— Je ne veux pas que tu bouges. Je vais m'assurer que tout va bien pour Quentin et je reviens.

Elle ne lui donnait aucune alternative.

— Quentin ? interrogea-t-il.

Il n'en croyait pas ses oreilles. Alice avait un fils et il se prénommait donc Quentin. Elle n'avait pas pu décrocher de son ancien amour.

Alain profita de ces quelques minutes de calme relatif pour se refaire une allure convenable et recouvrer un semblant d'autorité. Il renfila ses chaussures, rabaissa le bas du pantalon et remit un peu d'ordre dans la coiffure.

Il restait maintenant à l'amadouer, capter son écoute et arriver à prévenir le commissariat pour demander de l'aide.

Son téléphone portable n'était plus dans sa poche. Il avait dû tomber lors de sa descente en catastrophe depuis le sommet de la colline et devait être au moins dans la rade de Cherbourg à l'heure actuelle.

Alice revint. Elle semblait calmée. Quentin ne hurlait plus et avait dû se rendormir.

— J'appelle la police, répéta-t-elle sans sourciller.

— La police, c'est moi, répéta-t-il de son côté.

— Et je peux toujours trouver un bon prétexte pour expliquer ma présence chez toi si cela est impératif.

— Que veux-tu dire ? Tu ne m'as pas assez fait souffrir ? riposta-t-elle.

Le dialogue s'engageait. Alain enchaina. Lentement. De la même manière qu'il pratiquait pour convaincre les suspects d'avouer l'inavouable dans ces interminables interrogatoires d'où il sortait invariablement vainqueur.

— D'une part, je suis vraiment en panne en face de chez toi.

— D'autre part, si nécessaire, je peux justifier un complément d'enquête dans l'affaire qui nous a occupés il y a quelques années.

Chapitre 62

Alain choisissait soigneusement ses mots.

— Ce ne sont pas d'assez bonnes raisons pour faire irruption chez moi et m'agresser physiquement. Je porterai plainte.

Alice n'était pas calmée. L'exubérance hystérique avait fait place à une colère froide, lucide. Dans ces cas-là, elle était capable de faire n'importe quoi à n'importe qui. Alain le savait. Il redoutait la suite de la situation qui se compliquait et risquait de lui échapper.

*

Elle s'approcha de lui, jusqu'à le toucher. Alain pouvait sentir une haleine chargée de relents médicamenteux. Sa respiration était heurtée et avait par moment du mal à repartir. Elle gagna encore quelques centimètres jusqu'à ce que son corps cogne celui d'Alain.

Maintenant elle s'appuyait volontairement sur lui.

Serrant ses deux mains maigres, noueuses et solides comme des pieds de vigne, elle les enfonça dans l'estomac de son vis-à-vis.

Elle continuait d'avancer. Ses poings commençaient à le faire sérieusement souffrir et son front brulant écrasait le nez de celui qui ne voulait pas céder.

Il aurait pu l'écarter brutalement et l'immobiliser. Mais il avait compris son jeu. Le moindre geste physique déplacé aurait eu de graves conséquences. Il pouvait être suspecté de harcèlement et de violence sur une personne avec laquelle il avait déjà eu maille à partir. Cela lui aurait coûté cher.

Il prononça alors la phrase qu'il avait voulu éviter jusqu'alors, mais qui s'avéra salvatrice.

— Je suis aussi là pour que tu m'expliques le rôle exact que tu as joué dans l'attaque de l'épicerie de Saint-Vaast-la-Hougue et tes relations avec un des coupables de l'agression et du vol, Théo Moscato.

*

Alice s'écroula.

Chapitre 63

Quentin scrutait l'horizon de la plus haute pièce de la maison. Celle qui dominait tout et qui était dessinée en forme d'étrave de bateau. Elle surplombait le reste de la bâtisse et elle lui était réservée. Un bureau moderne noir verni, un fauteuil rouge sombre assorti à un canapé de la même veine, décalés et chinés à l'entrepôt des particuliers, meublaient la pièce. Le sol était en béton brut et affirmait cette volonté de créer une atmosphère dépouillée, dénuée de fantaisie, mais reposante.

C'est là qu'il aimait s'isoler.

Pour réfléchir au sens de tous ces événements, travailler sur quelques dossiers d'acquisition, ou simplement siroter un whisky rare de sa réserve personnelle intégrée discrètement dans la cloison en écoutant de la musique sur les immenses haut-parleurs pilotés à distance.

L'insonorisation avait été soignée, ainsi que l'accès au lieu, très sécurisé. Il pouvait gérer ses nombreuses affaires à l'abri de toute indiscrétion.

Derrière le siège recouvert de ce velours ancien qui contrastait avec la modernité de la pièce, la porte du coffre-fort, coulé dans l'épaisseur du mur, était ouverte.

*

Quentin n'arrivait pas à détacher son regard de l'immensité ballottée dont il aurait pu être le maitre d'où il était. Comme ce héros dans Titanic — un film qu'il adorait — qui partait conquérir le monde, les bras en croix à la pointe du navire.

Il était impossible de quitter des yeux cette agitation permanente de couleurs, de bruits et de fureur ; ce spectacle toujours renouvelé de la mer qui vient vous lécher les pieds pour mieux vous attirer et qui se retire, lentement, mais inexorablement.

Comme pour vous prouver que c'est elle qui commande, qu'elle n'en fait qu'à sa tête.

Il se sentait tout petit, modeste devant elle.

Mais aussi déprimé, abattu, ne sachant plus très bien comment gérer la suite.

Il leva son verre ciselé à la lune. Comme par incantation. Dans les reflets d'or brun, tourbé, par transparence, il lui sembla apercevoir la trace fugitive d'une étoile filante. C'était bon signe. C'était le moment. Il fallait agir.

L'écriture était identique à l'enveloppe reçue quelques jours auparavant et qui contenait la première série de photos. À côté d'elle, son revolver était posé à plat sur le dessus d'une pile imposante de billets de cinq cents euros. Il s'en approcha.

Chapitre 64

Alice était allongée sur le petit canapé du salon donnant sur l'arrière du jardin. Elle respirait difficilement. Alain était inquiet. Sa déclaration brutale avait certes stoppé un probable affrontement physique, mais le choc psychologique avait été rude pour son interlocutrice.

*

Pendant qu'elle récupérait, Alain fit le tour de l'habitation.

Alice avait su redonner un air de neuf à la maisonnette probablement trouvée dans un état déplorable. Les murs extérieurs en étaient encore témoins.

L'intérieur était décoré avec goût et il avait eu du mal à retrouver la personnalité qu'il avait connue à l'époque.

Celle qui avait vécu dans ce repère miteux et insalubre où elle avait été arrêtée.

Celle dont l'appartement avait été découvert dans un état inimaginable durant l'enquête.

Ici, tout était à sa place. Les jouets étaient bien sûr omniprésents et l'on se serait cru dans une garderie d'enfants. Tout était arrangé, agencé, pensé pour le bien-être du bambin.

Les cloisons avaient été repeintes dans un blanc immaculé qui donnait de la clarté et du volume. De jolis voilages bleu ciel isolaient de l'extérieur et apportaient une élégante touche d'intimité.

Le mobilier était sommaire, bien choisi, et composé d'un mélange de neuf et d'ancien. Des meubles cubiques à monter soi-même côtoyaient des commodes et des armoires probablement déjà là avant l'arrivée de la nouvelle locataire. Ils avaient été décapés, poncés et avaient retrouvé une seconde jeunesse dans des coloris plus modernes en harmonie avec le reste de la décoration.

*

Alain remarqua qu'il n'y avait aucun souvenir, ni cadre ou photo comme on en trouve habituellement et qui donnent un peu de chaleur et de personnalité à un intérieur. Pas de trace non plus d'une quelconque présence masculine.

Il avait facilement déniché un linge et récupéré de l'eau fraiche pour la soulager. Après avoir porté le bébé jusqu'à son couffin, au salon, il vérifia régulièrement que tout allait bien. Celui-ci dormait profondément, insensible à la situation.

Les effluves violents de l'alcool de menthe trouvé dans l'armoire de toilette firent leur office. Alice se réveilla tout d'un coup, un flacon blanc sous le nez.

Alain était penché sur elle. Il tenait le gant humide posé sur son front. Sa première réaction fut de s'écarter brusquement. Elle tomba du canapé et s'effondra en larmes.

Il la prit dans ses bras et la remit d'aplomb.

— Je suis là pour t'aider. Je vais tout t'expliquer, murmura-t-il.

— Je ne veux pas retourner en prison. Je n'y survivrai pas.

— Si c'est le cas, il y aura un drame. Et même plusieurs...

Alice sanglotait.

Alain lui fit signe de se calmer et de l'écouter. Il la regarda droit dans les yeux, avec tendresse et emprise, utilisant sa stratégie habituelle dans ce genre de situation.

— Je vais t'expliquer, répéta-t-il. J'aimerais que tu évites de m'interrompre pendant ces quelques minutes.

— Ensuite, si tu es mieux, je m'en vais. Je te laisse tranquille. J'irais chercher de l'aide ailleurs. Tu ne me reverras plus.

— Je te demande cela en souvenir de tous les bons moments que nous avons passés ensemble à l'époque.

— Bien avant cette sale histoire où mon métier m'a obligé à faire ce qui a été fait.

— On est d'accord ?

Il redoutait la réponse.

— Oui, dit-elle faiblement.

Elle était anéantie. Très anxieuse d'en savoir plus sur ce qui lui était réservé.

Chapitre 65

Alain démarra son récit.

« J'ai été muté dans la région. Volontairement. Je ne voulais plus rester à Coutainville pour des tas de raisons personnelles qui ne sont pas liées à ton histoire.

J'ai été chargé de plusieurs enquêtes que j'ai résolues rapidement. J'ai donc eu une promotion et je suis désormais en charge des affaires criminelles pour tout le département, autant pour les aspects opérationnels qu'administratifs.

À ce titre, je me suis naturellement occupé — ceci rentre dans mes attributions et mes responsabilités — du vol de l'épicerie.

Nous avons coincé le coupable et l'avons mis en prison. J'ai été particulièrement clément avec lui, car je pense qu'il n'a pas un si mauvais fond que cela.

Tout au long de l'enquête, j'ai toujours eu du mal à m'expliquer les profondes raisons de son comportement.

Et j'en suis arrivé à la conclusion qu'il l'avait fait par amour. Pour quelqu'un à qui il voulait prouver son courage et offrir une vie de rêve grâce à l'argent dérobé.

On a d'ailleurs retrouvé des billets d'avion et la photocopie d'un acte de location pour un an dans une villa somptueuse à Miami. Sur place, il avait déjà fait livrer des dizaines de cadeaux que sa compagne aurait trouvés en arrivant.

J'ai remonté la trace de cette personne. Qui a probablement participé à l'agression avec lui.

La victime, ce comptable miteux qui trempe dans des affaires sordides de sites pornographiques et des histoires louches de liquide qui a disparu des comptes, a certifié que Théo était seul.

Je ne l'ai jamais cru.

Mais je n'ai pas pu l'inculper. Les enregistrements vidéo se sont volatilisés.

Il y a beaucoup de recoupements entre tes déplacements et ceux de Théo et même si tu as pris soin entre-temps de changer d'allure, les descriptions de quelques témoins m'ont mis la puce à l'oreille.

J'ai beaucoup travaillé sur le dossier et cette nuit, j'en suis arrivé à la conclusion que tu étais avec Théo au moment du vol.

Je ne suis pas loin de penser que c'est le fils de Théo qui dort à quelques mètres de nous. Tu l'as ensuite abandonné après avoir été certaine d'être enceinte. Tu voulais redonner un sens à ta vie et je te comprends ».

*

Alain fit une pause, comme pour mieux ménager le suspens. Alice était attentive. Presque captivée par cette histoire dans laquelle elle avait joué le rôle principal. Il alla boire un grand verre d'eau à la cuisine. Il frissonnait, toujours trempé.

*

« Je devais ensuite penser à l'issue que je voulais donner à l'affaire. J'ai cogité toute la nuit. Puis j'ai jugé bon de ne pas rentrer chez moi et d'aller prendre l'air. Je me devais de réfléchir à la décision à adopter. Dans l'intérêt de tout le monde, moi y compris.

Je me suis endormi sous la grande table rocheuse en haut de la colline et j'ai été surpris par la pluie. Tu connais la suite...

Il ne me reste plus qu'à te livrer mes deux conclusions.

Je renferme le dossier du casse de Saint-Vaast-la-Hougue. Il est classé. Il ne se passera plus rien. Tu as payé une première fois durement. Pour moi c'est suffisant.

Théo est serein, rassuré d'être le seul condamné.

On a retrouvé l'argent. La totalité, a certifié le comptable. Je pense qu'il a menti sur les montants exacts du liquide qui circulait et qui n'était pas déclaré.

S'il en manque, c'est qu'il a dû être égaré ou mis de côté pour plus tard. Peu importe.

Tu ne seras pas poursuivie, et ton nom n'apparaitra pas dans mon compte-rendu.

Je ne veux plus repartir dans de sordides histoires, dans ces interminables enquêtes de voisinage qui remuent toute la fange et ont déjà brisé la bonne harmonie de notre groupe. Plus jamais. Fini. Je suis fatigué de tout cela ».

*

Alice poussa un tel soupir de soulagement que Quentin Junior en fut réveillé, surpris par ce bruit inhabituel. Il regarda sa mère, lui fit un tendre gazouillis et se rendormit.

Alain hésitait à poursuivre. La suite était plus personnelle, mais pouvait de même la rassurer définitivement sur la vraie raison de son intrusion.

Il avait trouvé en elle une sorte de confidente improvisée, contre toute attente.

— J'ai aussi...

— Vas-y, dis-moi, puisque tu penses que je suis la bonne personne pour cela, ajouta-t-elle comme pour lui confirmer son intention.

*

219

« Je vais quitter Anne, ma femme. C'est décidé. Je ne veux plus inventer de fallacieux prétextes de charge de travail pour éviter de rentrer à la maison.

J'en ai assez de passer mes nuits au bureau, le cou tordu, des rhumatismes plein la colonne,

assez d'y engloutir des dizaines de hamburgers qui m'ont rendu obèse,

assez des simagrées, des plaintes continuelles.

J'avais besoin d'y réfléchir et d'en tirer les bonnes conclusions. Seul, sans l'influence de qui que ce soit.

D'où mon détour par ici... »

*

— Je te crois, dit Alice dans un haussement d'épaules.

— Bien sûr je suis sensible au fait que tu ne me donneras pas.

— Le reste, c'est ton histoire et elle ne me concerne pas beaucoup.

— Dans le groupe, on a toujours pensé que tu n'avais pas fait le bon choix, que malgré votre différence d'âge, Lisa et toi étiez le couple parfait.

*

Alice se redressa. Elle se leva et se dirigea péniblement jusqu'à son fils qu'elle prit dans les bras. Elle s'assit dans le petit fauteuil crapaud, le seul où elle ne souffrait pas trop, Quentin Junior tendrement enlacé.

Elle le dévorait des yeux et Alain y vit une nouvelle personne. Ce n'était plus l'Alice versatile, presque bipolaire, absente parfois, agressive souvent, taciturne toujours. Miracle de la maternité.

Sur ce point-là, il l'enviait. Il n'avait pas d'enfant et, à presque la quarantaine, il fallait agir vite ; trouver une autre femme, Anne ayant refusé de fonder une famille.

Lisa restait présente dans sa tête et son cœur.

Alice venait d'en raviver le souvenir. Mais n'était-ce pas trop tard pour elle et pour eux ?

Chapitre 66

Alice se tourna vers Alain.

— Peux-tu aller faire réchauffer un peu de bouillie pour Quentin ? Aujourd'hui je souffre énormément. Ton irruption y est certainement pour beaucoup.

— Désolé. J'y vais, mais à une condition. Que tu m'expliques ce que tu as, ce qui s'est passé pour que tu sois dans cet état.

— D'accord. Mais d'abord mon fils.

*

Le bambin avait tout englouti.

Alain s'était porté volontaire désigné pour lui donner à manger. Il s'était fort mal débrouillé au début, ne sachant pas comment tenir dans ses bras puissants une si frêle créature. La peur de l'étouffer ou qu'il ne tombe. Quelques explications sommaires l'avaient mis en confiance et la suite s'était bien passée. Il avait même pris un grand plaisir à s'occuper du bébé. L'énorme rot, que celui-ci ne s'était pas gêné de faire sur son épaule, avait déclenché un éclat de rire complice chez les deux adultes.

Le nourrisson l'avait copieusement arrosé au passage de quelques restes de carottes mêlés à d'autres substances difficilement reconnaissables. Décidément, sa chemise avait la vie compliquée aujourd'hui.

L'ambiance était plus sereine et la discussion sérieuse sur l'état de santé d'Alice pouvait commencer.

— Que se passe-t-il ? tu as fait une chute ?

— Pas exactement, je vais te raconter. Je te fais confiance. Tu es un homme de loi et ce que je vais t'avouer doit rester entre nous.

— Je le relaterai moi-même le moment voulu aux personnes concernées.

*

Alice se livra pendant plus d'une heure.

Au fur et à mesure de son récit, Alain s'enfonçait de plus en plus dans le canapé. Il était abasourdi par les révélations et les prenait une par une comme un grand coup de poing dans l'estomac.

Elle contait bien son histoire. Passionnée de lecture, elle avait de sérieuses références en la matière.

Il était captivé et chaque nouveau chapitre l'étonnait encore un peu plus.

Le dernier en date, celui qui racontait le sacrifice qu'elle avait fait pour sauver sa sœur en lui donnant son rein l'avait stupéfait.

Alice avait voulu rester discrète. Elle était élégante jusqu'au bout sur ce sujet-là. L'opération était récente et elle n'était pas complètement remise. Des complications postopératoires mineures dont elle tut les détails l'avaient condamnée à être dans cet état. Elle s'en sortirait. Alain en était certain. Rien ne pouvait résister à une telle énergie et à une telle volonté.

La suite de l'aventure avec Théo l'intéressa beaucoup moins. Il en connaissait déjà beaucoup à travers l'enquête minutieuse qu'il avait menée. C'était finalement une belle histoire d'amour qui s'était finie de la manière dont elle devait se finir.

Alice n'était pas faite pour vivre à deux.

Du moins à deux adultes.

Chapitre 67

La matinée était bien avancée quand Alice proposa d'elle-même à Alain son portable pour qu'il puisse demander qu'on vienne le chercher. Il masqua le numéro pour éviter que l'appel soit tracé et Alice embêtée.

Le commissariat devait être en émoi. Il n'avait pas donné de nouvelles depuis plusieurs heures. Ce n'était pas son habitude.

Quant à sa femme, elle avait dû probablement être soulagée de ne pas le croiser avant de partir travailler. Travailler ! Du moins l'espérait-il. Il n'était plus sûr de rien en la matière. Son esprit recommençait à vagabonder quand on frappa à la porte.

Alain reconnut par la fenêtre la haute stature de son adjointe. Alice resta assise. Il était gêné.

Que dire pour conclure ?

Ce professionnel tenace et inflexible, dur et incorruptible dans son quotidien, ne savait plus quoi dire en face d'une jeune femme malade, tenant dans ses bras un enfant. Après avoir commis suffisamment d'indélicatesses qui auraient mérité les foudres du policier.

Et là, plus rien...

Décidément, cette Alice était redoutable.

Il s'approcha de Quentin, lui fit un tendre baiser sur son front rebondi.

Il sembla au plus grand des deux que le plus petit daignait soulever une demi-paupière et qu'un sourire lui était destiné.

Il la regarda et lui glissa à l'oreille.

— Prends soin de toi, je serai toujours là si tu as besoin.

Il se surprit à lui faire aussi le même baiser sur le front.

Elle ne broncha pas.

*

Il fallut plus d'une heure pour que Marlène, pourtant une force de la nature, et Alain réussissent à extraire la lourde voiture des ornières défoncées. Couverts de boue jusqu'au sommet du crâne, on aurait dit deux personnages de bandes dessinées fantastiques. Les marques de bonne humeur se mélangeaient aux vertes insultes adressées au véhicule.

Dissimulés derrière le léger voilage, Alice et Quentin Junior, allongé dans ses bras, s'étaient régalés du spectacle. Pour une fois qu'il y avait de l'animation à Martinvast....

Chapitre 68

Quentin s'approcha du coffre et se saisit de l'enveloppe. Il ne l'avait pas encore ouverte et en tremblait d'avance. La première, qu'il avait reçue quelques jours avant, comptait une dizaine de photos de lui en pleine action avec d'autres couples de la région. On l'identifiait parfaitement si l'on avait déjà eu l'occasion de le voir dévêtu. Le masque qu'il portait parfois était ainsi fait qu'il était difficile d'apercevoir ses yeux.

Il n'y avait aucune mention de quoi que ce soit. Pas de mot, pas de menace, pas de commentaire. Il ne savait pas à quoi s'attendre pour la suite. Mais probablement quelque chose de pas très sympathique. Jusqu'à présent, à part à Lisa, il n'en avait parlé à personne, surtout pas à ses compagnons et compagnes de cordée, comme ils s'appelaient inélégamment entre eux. L'un des participants était peut-être un maitre chanteur en puissance.

Comme sur la première, son adresse avait été tracée à la main. Cette écriture ne lui rappelait rien de précis. Il s'amusa malgré les circonstances à la trouver harmonieuse et plutôt bien tournée. Le scotch qui la scellait était un de ceux que l'on utilise pour fermer des paquets ou des cartons : large et marron, qui s'enroule toujours autour de lui-même avant que l'on ait fini de le fixer.

Il lui fallut déchirer complètement l'enveloppe pour découvrir son contenu.

Une grande feuille blanche, pliée en deux dans sa longueur protégeait une autre photo, une seule cette fois.

C'était lui, encore. Nu comme un ver, le sexe dressé sous un ventre qui s'affaissait. Il avait l'air vulgaire, peu passionné par la situation, presque obligé de faire ainsi bonne figure. Il ne se souvenait ni de la date, ni du lieu précis, ni des circonstances. Mais il se rappelait bien qu'il y prenait de moins en moins de plaisir.

Un autre papier était plié de la même manière. Il semblait écrit. Il allait enfin savoir ce que toutes ses frasques orgiaques allaient lui coûter. Il regarda le revolver et la pile de billets.Et se dit qu'il choisirait probablement la deuxième possibilité.

Il déplia la lettre.

*

« Mon cher Quentin,

C'est avec un grand intérêt que je me suis régalée de ton anatomie triomphante. J'ai pu l'observer à loisir grâce à toutes ces photos.

Je suis tombée par hasard sur une clé USB qui renferme quelques petits trésors de mauvais goût, de perversion et de chairs plus ou moins flasques ou racornies.

En ce qui te concerne, tu sembles toujours vaillant et ça m'a rappelé le « bon temps. Celui où notre insouciante jeunesse n'avait pas besoin de ces soirées délictueuses pour s'amuser et découvrir des plaisirs charnels renouvelés.

Bien sûr, tu as pris du ventre, tu manques sérieusement d'exercice et je te trouve un peu trop poilu à mon goût.

Cette cagoule que tu portes parfois ne te va pas au teint et on devine facilement l'individu qui se cache derrière. Ton regard y est pour beaucoup. Ta réputation a dû faire ainsi le tour de la Manche.

J'ai vraiment du mal à comprendre que l'on puisse se livrer à de telles turpitudes et prendre autant de risques pour sa santé.

Ton épouse t'a probablement délaissé ces derniers temps. Peut-être a-t-elle de bonnes raisons pour cela. Elle serait surement ravie d'apprendre que tes réunions de travail nocturnes ont d'autres buts que l'optimisation du chiffre d'affaires et de la marge.

Force est de constater que vous y pratiquez plutôt des sports de glisse, du trampoline ou du rodéo ; je ne te savais pas aussi bien entrainé.

Vos passe-temps infects sont parfaitement documentés dans un ensemble de fiches qui référencent à la fois les participants, les lieux, les dates, les "nouveautés" de la soirée.

Je n'y ai trouvé aucune trace de violence non consentie ou de pratiques menées avec des mineurs ou des mineures.

Heureusement !

Car ton ami Alain aurait été ravi de te passer alors les menottes. Je ne me serais pas gênée pour le prévenir de tels agissements, tu t'en doutes.

Finalement, j'ai longuement hésité sur la conduite à tenir ».

« La première solution était d'en profiter.

Me faire un peu d'argent grâce à tous ces témoignages photographiques. Certains acteurs de ces horribles mises en scène auraient probablement contribué à la collecte pour effacer toutes les preuves de leur participation.

La deuxième solution était de ne m'en prendre qu'à toi. Parce que tu le mérites et que les autres, je m'en fiche. Cela aurait été un juste retour des choses. Un léger chantage, quelques menaces, un stress progressif qui t'auraient mis dans un sérieux inconfort psychologique. Ceci m'aurait ravie à une certaine époque.

La troisième solution était plutôt d'en rire. Pour me dire que finalement, les plus tordus n'étaient pas forcément ceux que l'on pensait ».

*

Quentin essuya, comme il le pouvait, son front ruisselant d'une sueur malsaine qui le paralysait. Il avait du mal à respirer. Il devait tourner la page, découvrir la sentence de son corbeau et par là même, peut-être, qui il était.

Il fit le geste qu'il redoutait.

*

« Mon cher Quentin, j'ai opté pour la troisième solution. Tu vas être tranquille. J'ai détruit la clé et elle repose à l'endroit même où a été découvert le bateau de ta mère après sa pseudo disparition.

Dors paisiblement, mais je t'en prie, arrête toutes ces histoires. Tu vaux mieux que cela.

Alice… »

*

Il s'écroula sur son fauteuil.

En face de lui, le reflet de la lune semblait dessiner de multiples sourires sur l'étendue sombre et immobile.

Il les accompagna d'un des siens.

Chapitre 69

Alice était contente du bon tour — du moins c'est ce qu'elle en pensait — qu'elle avait joué à Quentin. Elle espérait avoir fait œuvre de charité par la même occasion et avoir pu le remettre sur une voie moins tortueuse.
Elle se sentait légère, joyeuse. Aérienne.

*

Elle avait désormais de positifs repères dans cette vallée proche de Cherbourg. Les bonnes relations qu'elle avait tissées avec ses voisins immédiats, l'amitié qui commençait à naître avec Claire qu'elle passait voir souvent à l'agence pour parler de leur marmaille, les contacts cordiaux qu'elle avait avec les commerçants aux alentours, tout cela concourrait à la rassurer sur un retour à une vie normale après ces détestables dernières années.

*

Cet entourage restait discret sur le manque d'homme à la maison.
Elle le justifiait toujours de la même manière.
Le père de son enfant qui n'avait pas voulu assumer sa paternité, parti en catimini un matin au travail et qui n'était jamais revenu.

Une santé fragile due à une opération délicate, très féminine, qui lui avait ôté tout goût aux relations masculines. Pour le moment, ajoutait-elle avec un léger sourire, comme pour rassurer les curieux.

*

Elle avait forci. Ses cheveux étaient désormais très courts, la teinture blonde l'avait transformée et elle se maquillait beaucoup, dissimulant la pâleur congénitale et maladive de sa peau presque translucide.

Fini les grandes balades à pied, elle se déplaçait difficilement et rarement, déléguant ses courses à ses voisins ou utilisant un taxi pour l'occasion.

Mais elle était heureuse.

De ce bonheur simple de retrouver tous les matins les deux amours de sa vie, son Quentin Junior et la pile de livres qu'elle dévorerait dans la journée. Elle avait abandonné tout projet d'écriture et son précieux manuscrit rapporté en grand secret de la Pureté avait été relégué au rang des souvenirs dans l'étroit grenier de la Renaissance, puisque c'est ainsi qu'elle avait baptisé son logis.

*

Quelques mois plus tard, elle loua, grâce à Claire, une chambre dans le nord de Coutainville. Elle se situait dans un mignon petit gîte en deuxième ligne. La mer n'était pas loin. À cette époque, Coutainville était presque déserte, et négocier un bon prix n'avait pas été très compliqué. Elle conserverait sa petite maison dans le haut du département et choisirait définitivement l'endroit où elle poserait ses valises après ces quelques jours passés à la station.

Il avait été difficile de prendre une telle décision ; retourner sur les lieux d'une vie heureuse qui avait tourné au cauchemar. C'était comme être retournée quelques semaines plus tôt à la Pointe sur les lieux du drame.

Ses proches, sa sœur, ses amis, ses anciens collègues lui manquaient. Les revoir enfin, elle le désirait tant. La longue discussion qu'elle avait eue avec Alain l'avait confortée dans cette idée que tout était encore possible.

*

Méconnaissable, elle pourrait arpenter la digue en toute quiétude, une main appuyée sur une canne, l'autre serrant avec force cette poussette où un joli bambin crierait sa joie dès qu'il le pourrait en faisant sourire les passants.

Quel contraste avec sa mère ! Elle si solitaire et taciturne dans sa prime jeunesse.

Était-ce la gouaille de son géniteur qui se manifestait de cette manière-là ?

Si, physiquement, il n'y avait pas beaucoup de ressemblances entre le fils et son père, du moins dans les souvenirs d'Alice, il devait bien y en avoir d'autres quelque part. Ou qui viendraient plus tard. Elle espérait qu'elles fussent toutes positives...

Pour l'instant, elle ne s'était pas trop posé la question, l'occultant volontairement, ou pas, comme ces actes manqués qui nous poussent à éviter des conclusions évidentes.

*

Revoir Quentin après l'entrevue positive de la clinique pour tout recommencer...

Revoir Julie après l'opération pour tout avouer et se repentir, définitivement.

Et partager avec eux et toute cette belle marmaille les bonnes années à venir.

C'est avec tout cela dans la tête qu'elle se mit en marche précautionneusement le long de la digue protectrice.

Chapitre 70

Arrivée à la cale du centre, Alice descendit avec prudence la large voie qui menait à la mer. Celle-ci venait de se retirer et le sol restait glissant. Le mélange de l'humidité et des algues déposées depuis des années par le ressac était un piège pour les marcheurs qui n'y étaient pas habitués.

À sa gauche, quelques groupes d'enfants profitaient des beaux rayons du soleil avec leurs mères et occupaient joyeusement les marrettes dans lesquelles ils pataugeaient en cherchant à éclabousser le plus possible leurs compagnons de jeu.

À sa droite, son regard s'arrêta sur le plongeoir. Déserté à cette heure de marée basse, sa silhouette décharnée se détachait sur le ciel, menaçante comme une vieille pièce de bateau rouillée ramenée par les flots. Son geste atroce envers sa sœur lui revint comme un flash, en pleine face. Elle faillit défaillir et se dit que si elle était là, c'était aussi pour cela.

Elle descendit jusqu'au sable, pieds nus, retrouvant ces sensations uniques qu'elle adorait.

*

Elle s'aventura sur la grève là où elle pouvait encore manœuvrer la poussette. Conçues pour ce genre d'exercice, ses grandes roues crantées ne s'enfonçaient pas dans le sable humide.

Quentin Junior babillait comme à son habitude et le vent qui venait du large lui caressait doucement le visage. Il éternua bruyamment, les narines chatouillées par un relent d'embruns.

Un deuxième éternuement le fit éclater d'un fou rire comme seuls les gamins savent le faire.

Le troisième, toujours plus sonore, attira deux jeunes enfants qui se tenaient par la main. Probablement un frère et une sœur tant ils se ressemblaient.

La fille se pencha sur le landau en se hissant sur les pieds, ses petites mains accrochées au rebord aussi solidement que les moules du coin pouvaient le faire sur leurs bouchots. Quentin Junior découvrit pour la première fois un regard différent des autres. Celui de deux yeux qui n'avaient pas tout à fait la même couleur. Tellement surprenant et distrayant que sa bouche s'arrondit comme s'il voulait siffler d'admiration.

Elle lui adressa un joli sourire de connivence.

Son frère, comme à son habitude, lui tira la langue, considérant probablement que les quelques années qui les séparaient étaient suffisantes pour qu'il l'ignore. Le clin d'œil qu'il fit ensuite modéra son geste dédaigneux.

Une sérieuse pêche à pied les attendait avec leur mère et il ne fallait pas être en retard. L'ainé tira par le bras sa cadette et l'obligea à rebrousser chemin. Elle décocha un baiser à destination de Junior qu'elle accompagna d'une sorte de révérence de petite fille bien élevée comme on en voit dans les livres de princesses. Timéo voulait surtout éviter que Julie ne vienne les chercher, furieuse qu'ils se soient éloignés tous seuls.

*

Alice les trouva plutôt charmants et attachants.

Elle les suivit des yeux et aperçut en haut de la plage une silhouette élégante drapée dans un paréo aux couleurs délicates. Elle essayait de les convaincre de la rejoindre avec force gestes démonstratifs.

La petite troupe s'éloigna en direction de ce qui serait probablement pour eux une pêche miraculeuse.

Alice se renfrogna, pestant contre cette opération qui lui avait détruit une partie du bassin et l'avait empêchée de leur emboiter le pas.

Si elle n'avait plus celle du corps, son sacrifice rédempteur lui avait au moins ramené la sérénité d'esprit.

*

Elle était décidée à voir le résultat de celui-ci. Elle devait donc découvrir où logeait la famille de Quentin. Elle partit se renseigner discrètement en centre-ville.

Arrivée dans le marais, transformé en hippodrome, qu'elle parcourait, dans la fleur de l'âge, comme une dératée qui va louper son bus, elle vit en face d'elle le Père Ladurée. Il officiait déjà lorsqu'elle était petite et elle reconnut de loin sa silhouette et sa dégaine si particulière. Elle commençait à dévier son chemin quand il accéléra pour venir à sa rencontre.

— Bonjour jeune fille, ou ce qu'il en reste ! déclara-t-il avec sa bonhommie habituelle.

Il était connu pour son vocabulaire direct, provocateur et parfois léger pour un curé. Ses prises de positions sur les sujets sensibles, politiques ou sexuels, généraient toujours de chauds débats. C'est ce qu'appréciaient ses ouailles, surtout celles, nombreuses, qui avaient pas mal de choses à se reprocher.

— Bonjour mon père, répondit Alice, inquiète de se savoir reconnue.

— Tu es donc sortie de prison et tu nous as fait un môme, ce sont deux bonnes nouvelles, ajouta-t-il, goguenard.

Elle aurait du mal à mentir. Elle joua franc jeu.

— Oui, et je suis très fière des deux. Je n'ai plus rien à regretter et je n'ai même pas besoin de venir vous conter d'inavouables histoires dans le secret de votre confessionnal. S'il existe encore.

— Bien sûr. Les gens faisaient la queue devant. Désormais, les séances collectives ont l'énorme avantage de me faire gagner beaucoup de temps et me permettent de m'occuper du potager. Ce qui est le plus important, jeune fille — ou ce qu'il en reste.

Le père Ladurée éclata d'un rire franc, caressa la joue de Quentin qui lui sourit et embrassa Alice sur le front.

— Tu es sur la bonne voie, mais prends garde à toi.

Alice continua sa route, il lui restait au moins les trois quarts de l'anneau à parcourir. Ce premier contact plein de chaleur l'avait rassurée. Pour ce qui était de l'incognito, par contre, c'était raté.

Il fallait accélérer les recherches et aller voir sa sœur avant que les bruits de son retour n'arrivent jusqu'à elle.

Chapitre 71

Sur la digue, à l'abri des froids courants d'air qui balayaient le promenoir, Julie s'était arrêtée sur le banc de pierre après avoir parcouru plus de deux kilomètres depuis l'école de voile.

Elle regardait au loin. Un rayon de soleil vint éclairer son visage apaisé.

Cette force physique retrouvée lui permettait d'arpenter le bord de mer qu'elle aimait tant. Tous les jours elle progressait et son sourire, encore timide, faisait quand même plaisir à voir.

Cette envie de revivre la submergeait. Elle débordait d'énergie, bien qu'étant sous traitement et contrôle médical sévère. La greffe devait se faire au rythme lent de l'acceptation par son corps et non pas par son cerveau. Celui-ci l'avait complètement intégrée.

Julie était même retournée au salon avec les deux enfants et les avait elle-même coiffés. C'était la récompense suprême de toutes ces dernières années de disette et de désert affectif et sentimental.

Sur ce dernier point, la vie de couple avec Quentin semblait être en meilleure harmonie et une nouvelle complicité se faisait jour. Comme après ces longs voyages durant lesquels l'un et l'autre, à force de solitude et de délaissement, se laissent aller à oublier progressivement les bons moments.

Ils n'en étaient pas encore au stade de la passion dévorante qui les avait animés durant leur adolescence et les premières années ensemble. Toutefois, quelques frôlements physiques discrets, mais intentionnels commençaient à alimenter les débuts de nuit.

Quentin s'en contentait pour l'instant, misant beaucoup sur sa patience raisonnée et l'espoir de revenir à des situations plus conformes à la normalité.

Il avait abandonné toute participation aux parties fines qui l'avaient aviné. Tous ces excès d'alcool, de sexe et de sorties nocturnes avaient fini par le lasser. Il se sentait indésirable.

Julie, qui n'y avait pas prêté attention durant son parcours hypnotique et dépressif, l'avait remarqué après son opération. Il fallait corriger le tir tout de suite et elle l'avait très directement signifié à son mari. Elle qui avait fait tant d'efforts pour recouvrer le nécessaire, il devait se comporter ainsi aussi.

*

Isabelle avait quitté la maison d'elle-même. Elle voulait laisser le couple seul et ne pas trop interférer dans la reconstruction de la famille.

Son fils lui avait loué un ravissant appartement sur la digue, avec une vue irremplaçable sur la mer.

Sa mère vieillissait bien sûr, mais son visage s'était détendu et sa chevelure, autrefois flamboyante, était d'un blanc immaculé qui lui seyait à merveille. Sa silhouette avait retrouvé de son allant même si elle était de plus en plus courbée. Parfaitement à l'aise avec Julie, malgré les antécédents avec sa sœur, elle s'occupait des enfants le matin, sa belle-fille la relayant à midi et le soir.

Durant la journée, elle lisait beaucoup, allongée à l'abri de son inimitable parasol en paille qui ressemblait aux paillotes d'antan, sur l'estran encore luisant.

Elle cuisinait beaucoup pour eux et déposait, tous les jours avant le déjeuner, deux ou trois boites en plastique sur le rebord de la fenêtre. Dans celles-ci, se trouvait toujours un excellent repas qui les mettrait de bonne humeur pour l'après-midi.

*

Le regard de Julie passa d'un tracteur qui venait des tables à huitres à un cavalier juché sur un bel alezan qui faisait jaillir d'immenses gerbes d'écume à la frontière du sable et de la mer qui remontait.

Au tout loin, un bateau négligent attendait que l'eau soit suffisamment haute pour rentrer et débarquer une abondante capture de bars et d'éperlans.

Plus près d'elle, une mère et son fils allaient attaquer la construction d'un château fort qui ne résisterait probablement pas très longtemps au déferlement de la marée.

Toutes ces joies simples, ordinaires, mais bien réelles, elle les avait rayées de sa liste. Oubliées par dépit.

Que de moments à se morfondre et s'appesantir sur son propre sort !

Ses enfants avaient grandi, elle était restée à l'écart de tout.

Il était venu le temps de compenser.

Elle n'aurait pas assez de ses deux bras pour serrer Timéo et Nina à les étouffer.

Elle n'aurait pas assez de ses deux jambes pour serrer Quentin à l'étouffer.

Elle se leva, trop brusquement sans doute. Une terrible douleur au côté droit la cloua sur place. Sa vue se brouilla. Le tracteur décolla lentement dans un ciel rougeoyant de colère d'être ainsi dérangé. Le cavalier au loin zigzagua étrangement. La mère et son fils, juchés sur une des tours de leur château éphémère, à plusieurs mètres de hauteur, crièrent victoire.

Et l'eau montait par à coups, hésitante. Pour redescendre un peu plus. Julie se dit que cette fois-ci, celle-ci n'arriverait pas à atteindre la laisse de haute mer.

L'horizon bascula. Elle se sentit défaillir puis tomba dans les bras d'un solide gaillard qui partait à la pêche à pied. Il lui évita le choc brutal avec le sol et la déposa délicatement sur le promenoir. Interpellant les passants, l'un d'eux réussit enfin à capter du réseau pour prévenir les secours. Personne ne la connaissait et elle n'avait aucun papier sur elle.

Elle était livide.

Son sauveteur écarta les curieux pour lui donner un peu d'air.

*

À quelques mètres de l'attroupement, Alice marchait, seule. Elle avait confié Quentin Junior à la garderie pour qu'il rencontre d'autres enfants de son âge et ne reste pas continuellement isolé. Sa démarche chaloupée ne lui permettait pas d'avancer bien vite, aussi elle parvint doucement à l'endroit de l'incident.

Écartant les voyeurs qui se pressaient, elle fut stupéfaite de reconnaitre Julie, allongée, inconsciente sur le sol, pâle comme si on l'avait vidée de tout son sang.

Une puissante sirène annonça l'arrivée des secours, qui remontaient la voie à vive allure.

Deux des sauveteurs se portèrent immédiatement au secours de Julie, interpellant les témoins pour savoir si quelqu'un connaissait la victime pour prévenir la famille.

Alice alla au-devant d'eux et leur confirma qu'elle était sa sœur, et qu'elle avait déjà participé à une opération pour la sauver. Son rhésus était compatible et s'il fallait une transfusion ou une aide quelconque, elle avait tous les éléments administratifs sur elle et les autorisations nécessaires pour une intervention, quelqu'elle fût. L'homme qui était intervenu en premier indiqua à Alice qu'il était policier assermenté et qu'il allait s'occuper de Quentin Junior. Sa carte professionnelle la rassura. Elle appela la crèche et se mit d'accord avec la responsable.

Les pompiers la firent monter avec la blessée et foncèrent en direction de l'hôpital de Coutances, toutes sirènes hurlantes.

L'ainée était allongée, inconsciente.

Sa sœur l'assistait, assise auprès d'elle pour mieux la veiller. Elles partageaient une nouvelle épreuve.

Julie ignorait que pour la deuxième fois de sa vie Alice allait risquer la sienne pour la sauver. Cette dernière était fière, sereine, estimant légitimes ses douleurs en retour.

Chapitre 72

Julie se réveilla.

Elle était étendue sur un lit médicalisé entouré de deux sortes de guirlandes, une de chaque côté, qui reliaient entre eux plusieurs sacs transparents contenant des liquides aux couleurs jusque là inconnues d'elle. Une multitude de petits robinets lui rappela un jeu qu'on trouve sur les consoles et qui permettent d'avancer sur un parcours semé d'embûches. Curieusement sa première pensée fut pour son fils Timéo et elle se dit que s'il avait été présent, il n'aurait sans doute pas hésité à manipuler habilement toutes ces merveilles de précision.

Elle en sourit. Légèrement.

Un tuyau dans la bouche l'obligeait à se contenir. Elle commença à reprendre ses esprits et fit un tour d'horizon de l'endroit où elle était. Elle pouvait tourner la tête modérément et découvrit d'abord à sa gauche une large fenêtre par laquelle elle aperçut un bout de ciel bleu et un beau soleil. Sur la table de chevet métallique, une fragile orchidée tentait de résister aux effluves de médicaments qui arrivaient de toutes parts. C'était une louable intention pour lui faire plaisir, cette espèce, appelée vanda, de ce violet indescriptible, moucheté comme un léopard était sa préférée. Elle cultivait chez elle quelques cousines germaines de celle-ci.

À sa droite, une autre femme lui tournait le dos. Elle était surprise, car elle avait toujours indiqué qu'elle voulait une chambre individuelle lorsqu'elle était hospitalisée.

Peu importe, elle se sentait bien et ne resterait probablement pas longtemps ici. Elle plaignait sa voisine, car celle-ci avait un bel enchevêtrement de tuyaux, supérieur en nombre et en complexité au sien. Son cas devait être plus grave.

Elle semblait dormir profondément ; surement les surdoses de médicaments qui l'avaient assommée.

Elle en savait quelque chose, elle qui avait passé des années à être sous leur emprise et leurs effets néfastes.

Elle bougea presque imperceptiblement. Elle allait se réveiller. Finalement Julie se félicitait de cette promiscuité. Elle pourrait échanger quelques banalités avec elle.

*

Il avait été convenu avec Quentin que c'était elle — uniquement elle — qui justifierait sa présence auprès de sa sœur et révélerait son sacrifice. D'ici là, les deux protagonistes prendraient le maximum de précaution pour garder le secret.

Ce serait probablement demain matin, si elle se sentait prête. Jusque là, Alice conserverait son anonymat. Elle resterait artificiellement endormie et dissimulerait son visage, tournée dans le sens opposé à Julie.

L'infirmière en chef du service entra, une certaine Sophie qui portait fièrement son badge nominatif et son grade sur une blouse largement entrouverte. Ce décolleté devait créer une belle agitation dans les chambrées masculines.

Chapitre 73

Alain poussa timidement la porte du bar de la Digue. Il était tôt ce matin-là. Katia était la seule cliente présente à cette heure. Elle se tenait sur le tabouret à l'extrémité du comptoir, à sa place habituelle. Elle avait le dos tourné et préparait la machine à café. Les deux femmes conversaient tranquillement et évoquaient leur prochaine sortie de la semaine.

*

Lisa y avait pris goût et commençait à se lâcher lors de leurs soirées.

Son amie était restée discrète, mais il lui semblait bien que cette dernière avait sauté le pas avec quelques rencontres de passage.

Elles fréquentaient assidûment La Dune, la nouvelle boite de nuit du côté d'Anneville, désormais le repère des noctambules de la région. Un lieu atypique, fait de plusieurs grandes cabanes de pêcheurs assemblées en un dédale de petits salons où l'on pouvait se retrouver entre amis.

La piste de danse se trouvait à l'extrémité et lorsque la température était clémente tous les fêtards s'agitaient dehors, pieds nus dans le sable. Les « heures salsa » étaient rapidement devenues incontournables et les deux femmes y étalaient avec un certain talent, parfois même sans aucune pudeur, des déhanchements autant provocateurs qu'efficaces et gracieux.

Le 360 degrés de Lisa avait fait des émules et l'on attendait avec impatience le moment où celle-ci entrait dans l'arène pour l'accompagner dans ces volutes sans fin.

Elle s'était ainsi construit une solide réputation et ses admirateurs étaient nombreux.

*

Une musique latino enjouée rythmait les conversations des deux complices. Elles riaient aux éclats de leurs derniers exploits. Quelques blagues situées largement en dessous de la ceinture émaillaient leur récit. Souvenirs d'indiscrétions anatomiques dont elles se régalaient, non sans avoir décerné des notes souvent très sévères. Alain s'approcha de Lisa, venant dans son dos.

Katia ne le reconnut pas, elle ne l'avait croisé qu'une fois quelques mois auparavant. Son arrivée lui coupa immédiatement la parole. Une tête de chien battu et un vieil imperméable mastic en faisaient la caricature d'un inspecteur de série télévisée avec quelques kilos en plus. Heureusement, la bonhommie qui ressortait du personnage le rendait rassurant.

Lisa se retourna brusquement et découvrit, stupéfaite, le compagnon jadis fidèle et amant désemparé qui s'était enfui.

Elle hésita quelques secondes. Continuer sur un fou rire nerveux ou s'épancher en larmes, l'émotion étant trop forte.

Elle choisit la deuxième option.

*

248

Katia s'était éclipsée. Elle avait prétexté une ouverture en avance de son magasin afin d'anticiper une probable arrivée massive de touristes étrangers qu'elle avait aperçus la veille au Bazar de la Mer. Elle mentait fort mal et Lisa lui fit un clin d'œil complice pour la remercier de sa discrétion. Elle tira le rideau vert qui signifiait que le bar était fermé. L'obscurité se fit dans la première partie de l'établissement et le couple se dirigea vers la baie.

*

Elle prit la parole après avoir légèrement essuyé le contour de ses yeux encore humides et le dessous du nez qu'elle affirma être enrhumé.

— Vous prendrez bien un café, monsieur le commissaire ? entama-t-elle d'un air narquois.

— S'il vous plait, madame la tenancière, répliqua-t-il.

— Je ne me rappelle plus très bien ce que vous consommiez à l'époque où vous fréquentiez mon comptoir. Mon grand âge, ma mémoire défaillante probablement. Les choses ne se sont pas arrangées depuis votre départ.

— Un noir. Très noir. Serré. Très serré.

Lisa essayait de plaisanter, se demandant combien de temps encore elle pourrait tenir sans l'embrasser.

*

Alain avait changé. Ces deux dernières années avaient laissé de sérieuses traces sur son visage et sa silhouette.

Il conservait toutefois un charme désuet et rassurant. Sa grande taille et sa nonchalance y étaient pour beaucoup. Lui qui avait été si rebelle quelques années plus tôt s'était assagi.

Il faudrait probablement reconstruire le bonhomme. Ce fut la première réflexion de Lisa.

Elle mourrait d'envie d'en savoir plus. Ce regard souligné de larges cernes maintenant persistants semblait l'appeler au secours et révélait une tristesse mal contenue.

Elle se décida.

— Tout d'abord je t'embrasse. En tout bien tout honneur.

— Ensuite je te pose des questions.

— Puis tu réponds. Aimablement.

— Dans ton quotidien, ce doit être l'inverse. Mais là, c'est moi qui mène la danse.

— Nous sommes d'accord ?

Lisa avait un ton volontairement autoritaire.

— Nous sommes d'accord.

Alain se sentit soulagé. Le dialogue aurait lieu. Pouvoir enfin se confier après cette longue période de doute et de décisions difficiles à prendre serait une délivrance.

— Nous en avons pour un bon moment, ajouta-t-il.

— Cela tombe bien. Tu as bien choisi ton jour. Je suis fermée pour inventaire, mentit Lisa.

*

Sur le promenoir de la digue, un large rayon de soleil fit soudainement son apparition. Était-ce une pure coïncidence ou un signe annonciateur d'excellentes nouvelles ?

Alain se perdit quelques instants dans le souvenir de l'équipe de fidèles amis qui se jetaient sans retenue dans les rouleaux de la haute mer, à l'époque où tout était plus simple. Lisa, plus âgée, avait déjà ce corps de femme qui troublait les jeunes garçons. Quelques jeux stupides dans l'écume et les paquets d'algues gluantes ramenées par les vagues étaient toujours le prétexte à des frôlements de chair encore innocents.

Lisa profita de ce moment d'absence pour préparer un copieux petit déjeuner.

Chapitre 74

La conversation débuta et Alain se confia.
Comme il ne l'avait encore jamais fait.
Il avoua coup sur coup sa décision de démissionner de son poste, trop rude et dur à vivre au quotidien. Puis celle de quitter sa femme, qui l'avait finalement bien reçue. Ceci arrangeait le couple. Puis celle de revenir s'installer à Coutainville pour y refaire sa vie. Il ne débordait pas vraiment d'idée pour démarrer un nouveau projet. Toujours sous le choc de ces choix qui restaient difficiles à assumer, il se laissait quelques mois. D'ici là, il verrait au jour le jour.
Mais, quel que soit l'avenir, sa première visite avait été pour Lisa.

*

La matinée passa rapidement et ce ne fut presque qu'un monologue, entrecoupé de quelques questions de la patronne du bar qui semblait touchée profondément par cette confession improvisée et à laquelle elle ne s'était vraiment pas préparée.
Les bières s'enchaînèrent et l'atmosphère devint de plus en plus intime.

Vers 12 h 30, elle fit une pause et proposa à Alain de partager un déjeuner sur le pouce avec quelques restes de la veille. Hot-dogs, frites et salade César composaient le menu qui démarra par un saucisson tranché fin pour accompagner un des fameux élixirs de Lisa.

Elle était la grande spécialiste de ces breuvages improbables dans lesquels on pouvait détecter quelques nuances de rhum, de vanille et de serpolet ; du moins dans les premiers verres avant que le redoutable mélange ne fasse son effet.

Le vin rouge un peu fort encouragea les deux protagonistes à fêter physiquement leurs retrouvailles.

*

Lisa était étendue sur la banquette de l'étage, complètement nue et en sueur. Sans aucune pudeur, elle s'étalait langoureusement comme une nouvelle demande à son partenaire. Le spectacle devait valoir sa bourriche d'huitres, comme on aimait à le dire dans le pays. Les locataires de l'immeuble d'en face devaient en avoir largement profité et en profitaient encore.

Lisa avait conservé cette silhouette inimitable qu'elle portait diablement bien.

Après un sérieux passage à vide, elle s'était remise au sport et parcourait trois fois par semaine la distance entre Coutainville et la Pointe, qu'il pleuve ou qu'il vente. Souvent accompagnée de Katia. Elle soignait sa ligne et sa vie nocturne l'y encourageait.

Impeccable dans les moindres détails, elle était très fière de sa poitrine vaillante et de ses fesses qu'elle appelait affectueusement « son derrière de star ».

Lorsqu'elle se retourna, Alain songea en même temps que des centaines de mains avides de sensation avaient probablement fait quelques approches inconvenantes. Mais le grand gagnant, c'était lui et c'était aujourd'hui. Il effaça rapidement de son esprit cette pensée un brin misogyne pour tomber en supplique aux pieds de sa maitresse et la prier de le laisser se reposer un peu.

*

Lui aussi était nu, mais l'étalon qu'il avait été pendant les deux heures qui avaient précédé cette pause commençait à sérieusement s'essouffler.

Lisa avait été particulièrement tendre avec lui et l'avait cajolé comme on le fait avec un enfant effrayé par l'orage. Tout allait bien se passer et finalement, cette situation n'était que la suite logique des précédentes.

Elle lui sourit, acquiesça avec un soupçon de regret dans la voix, enfila un tee-shirt du bar qui lui couvrait à peine le derrière. Dans d'autres circonstances plus calmes, cette vue seule aurait probablement déclenché l'effet escompté chez Alain.

Il s'allongea à son tour sur la banquette, elle tapota affectueusement son ventre rebondi. Il lui promit de se remettre à une activité physique soutenue afin d'en diminuer sérieusement le volume.

Elle descendit préparer un en-cas dans l'espoir de redonner quelques forces à son athlète. Lorsqu'elle remonta, Alain dormait profondément.

Chapitre 75

Julie tenait tendrement la main d'Alice. Celle-ci s'était endormie. Les lits avaient été accolés et on se serait cru à l'époque où les deux sœurs partageaient la même couche, dans la chambre exiguë de la petite maison des parents Letournin.

*

Celle-ci était située sur le canton de Saint-Malo de la Lande, juste à côté de la jolie mairie. Marius, le père des deux fillettes, était employé comme homme à tout faire. Son habileté manuelle et sa dextérité le conduisaient à toutes sortes de bricolages pour la commune.

Il complétait son petit salaire par des travaux d'entretien et de réparation pour les cultivateurs du coin. Le conseil municipal fermait les yeux sur ces revenus en liquide eu égard aux multiples services qu'il rendait par ailleurs d'une manière officielle.

On racontait même que le maire lui confiait la maintenance de son véhicule personnel.

Leur mère se prénommait Cassandre. Ses parents l'avaient voulu ainsi, car ils lui prédisaient un avenir radieux.

Ce ne fut pas tout à fait le cas, car sa santé fragile l'avait obligée à se contenter pour un maigre gagne-pain de quelques rares ménages chez les notables de la région. Et si elle était appréciée pour sa discrétion et le soin qu'elle apportait dans ses prestations, elle avait du mal à cacher son penchant pour l'alcool.

Cette addiction avait créé de nombreuses tensions dans le couple et même si son mari faisait tout pour camoufler leurs problèmes à leurs enfants, celles-ci, au fur et à mesure qu'elles grandissaient, avaient pris conscience de leurs différends.

Ce contexte familial difficile avait déterminé deux camps.

*

Julie s'occupait du mieux possible de sa mère. Elle cherchait à comprendre et consacrait de longs moments à échanger avec elle, plutôt que de s'affairer à ses devoirs. Elle consolait parallèlement son père lors des soirées orageuses ou quand elle le trouvait dehors, accablé dans son fauteuil de jardin en rotin pourri par les pluies, fumant cigarette sur cigarette en reniflant comme s'il avait attrapé la grippe du siècle.

Elle n'avait pas vu ses jeunes années passer et s'était retrouvée à seize ans sans diplômes et au pied du mur. Sa volonté de s'en sortir lui avait heureusement servi. Elle avait réussi, moyennant quelques tâches ménagères effectuées chez les anciens clients de Cassandre qui avait arrêté toute activité, à obtenir un CAP de coiffeuse qui l'avait amenée quelques années plus tard à ouvrir son salon à Coutainville. Elle était devenue la vedette de la maisonnée, confirmant son statut de préférée.

La fierté qu'en avaient retirée ses parents avait fait l'effet d'un remède miracle sur sa mère. Elle avait recouvré à la fois une vie plus saine et un moral à toute épreuve. La conséquence avait été là aussi directe sur Marius qui avait regagné une seconde jeunesse.

Alice avait mal vécu cette situation familiale depuis le début.

La rupture avec ses parents avait été progressive et elle s'était peu à peu murée dans un silence qu'elle ne meublait que de brefs échanges avec sa sœur. Plus encline que son ainée à s'investir dans des loisirs autres que les garçons de son âge ou les bains glacés vers l'école de voile, elle s'était rapidement prise de passion pour la lecture.

Elle avait sympathisé — une des rares fois où cela lui était arrivé — avec Éléonore Lecoufle, en charge de la bibliothèque municipale. Ceci lui avait permis d'accéder gratuitement à tous les grands classiques de la littérature française qu'elle dévorait jusqu'à tard le soir dans la cuisine.

Pendant ce temps, Julie, avec laquelle elle partageait sa chambre, dormait profondément ou revenait discrètement de ses échappées nocturnes par la solide tonnelle.

*

Tout au long de leur adolescence, leur complicité fraternelle avait souffert de ce contexte. Julie avait fait abstraction de cet antagonisme. Jusqu'au jour où elle avait craqué pour le petit ami de sa propre sœur, Quentin, qu'elle lui avait volé. Elle n'avait pas réussi à justifier son acte. Sinon par une pulsion amoureuse incontrôlable.

Les conséquences en avaient été dramatiques.

Alice en avait conservé des séquelles psychologiques. Elle était instable.

Julie en avait conservé des séquelles physiques, lors de sa chute du plongeoir. Elle resterait marquée à vie.

*

Désormais, l'heure n'était plus aux différences.

Elles s'étaient longuement expliquées la veille. Julie avait été très émue par le double sacrifice de sa sœur. Le don de son rein avait été un révélateur, un véritable électrochoc.

Son immédiate disponibilité pour la transfusion avait rajouté la dimension suffisante pour que toutes ces années de divergence, d'indifférence ou de conflit soient définitivement derrière elle.

*

Alice se réveilla.
Son sourire était angélique.
Elle dévisagea longuement sa voisine et n'y vit que de la compassion et de l'amour. Sa main serra fortement celle de sa sœur comme si elle craignait qu'elle ne s'échappe.
L'union était idéale. Elle respirait au même rythme, la synchronisation était parfaite.
L'ainée prit le risque d'emmêler tous les tuyaux pour déposer un léger baiser sur le front de la cadette.

*

Un brusque martèlement à la porte d'entrée leur fit tourner la tête. Elles l'identifièrent facilement comme provenant d'une volée de petits poings. Elles allaient prononcer de concert « oui, qui est-ce ? » d'un ton volontairement désintéressé quand trois furies débarquèrent dans la chambre de repos.
Timéo chahutait fièrement une jolie poussette aux larges roues crantées dans laquelle s'agitait, impatient, son cousin Quentin Junior. Nina suivait tant bien que mal, s'accrochant péniblement au guidon trop haut pour elle lorsqu'elle n'avait pas besoin d'essuyer avec le revers de sa main trempée son nez couvert de rhume.
Derrière la porte, deux yeux vairons s'éclaircirent en même temps.
Il était bon le temps des réconciliations.

Chapitre 76

Le bar de la Digue connaissait une affluence particulièrement importante ce soir-là. Lisa avait organisé un événement musical et un groupe de jazz local donnait un mini concert.

Alain s'affairait au comptoir. Déjà un mois qu'il travaillait avec et pour sa nouvelle compagne. Elle lui versait un petit salaire en dédommagement, mais leurs intentions étaient bien plus profondes. Bien qu'ils ne l'aient pas évoqué ouvertement, la possibilité d'emménager ensemble se faisait de plus en plus probable.

Lisa était radieuse, occupée comme jamais.

*

Plusieurs longues conversations téléphoniques et par internet avec sa fille l'avaient rassurée.

Elle n'avait eu que de bonnes nouvelles.

Celle-ci lui avait annoncé son retour en France le weekend prochain. La mission était finie et l'expatriation lui pesait. Son employeur lui avait proposé une opportunité sérieuse sur Paris et elle avait accepté. Lisa avait déjà planifié une virée avec sa trousse-pète — comme elle aimait à la surnommer depuis son enfance — dès son arrivée.

Elle lui avait aussi parlé en détail de sa liaison renouée avec Alain et demandé son avis. Marlène se le rappelait très bien et en avait conservé un excellent souvenir. Elle était donc favorable à cette liaison et poussait sa mère à s'engager un peu plus.

De toute façon, il n'y avait pas grand risque à tenter l'aventure avec quelqu'un qu'elle connaissait depuis si longtemps.

*

Les trois jeunes musiciens étaient surchauffés. L'ambiance avait monté d'un cran et « Incroyable Nana » enchainait morceau sur morceau. Ils avaient acquis une sérieuse notoriété dans la région et leurs apparitions faisaient du bruit.

Le saxophoniste Alban commença son solo. Sa mélodie était cadencée et suave à la fois, il mélangeait des aigus improbables et des graves profonds qui résonnaient jusqu'aux tripes. Le batteur Adrien reprit sa rythmique lancinante et alerte à la fois lorsque la chanteuse Typhason lui emboita le pas. Sa voix rauque, éraillée sur certains passages, déclencha les applaudissements. La recette serait bonne ce soir.

*

Alain avait été adoubé par les habitués. Il était généreux sur la bière, généreux dans les échanges, généreux dans son sourire. C'était une deuxième vie qui démarrait et il lui arrivait même de trinquer avec quelques adolescents roublards qui avaient eu affaire à lui dans son ancien métier et pour des raisons moins avouables que celles qui les réunissaient aujourd'hui.

Alain était monté à l'étage pour servir des touristes étrangers quand il sentit une pointe métallique s'enfoncer dans son dos. Un grave et autoritaire « levez les mains en l'air, doucement » le pétrifia sur place.

Le plateau couvert de chopes tomba lourdement au sol, se fracassant dans un bruit terrible.

Il se retrouva tapissé des pieds à la tête d'une abondante mousse blanche qui le fit ressembler à un nageur aventureux plein d'écume dans une mer agitée.

Le groupe eut du mal à garder son sérieux. Alain pensa immédiatement que l'absolution injustifiée d'Alice avait été découverte et que c'en était fini de sa nouvelle vie.

Lui, l'homme implacable, rationnel et incorruptible, avait failli à son honneur. Tant pis pour lui, finalement ce n'était que justice.

*

Deux bras musclés l'entourèrent et deux autres lui tirèrent les poignets en arrière pour mieux les lier à l'aide de bracelets en plastique autoserrants qui commencèrent à lui couper le sang au bout de quelques secondes.

La voix grave, qu'il ne reconnut pas, lui murmura alors à l'oreille.

— Pour des raisons de sécurité et de discrétion, nous allons vous mettre une cagoule sur la tête et vous emmener dans nos locaux. Toute résistance de votre part ne pourrait concourir qu'à augmenter la sévérité avec laquelle nous allons vous traiter.

— Si vous restez calme, tout devrait bien se passer.

— OK, pas la peine de vous énerver, je vous suis sans problème, répliqua Alain, pas très rassuré par la façon peu orthodoxe dont se déroulait sa stupéfiante arrestation.

Il se trouva plongé dans un noir angoissant.

Tout le monde s'était tu dans le bar, aussi bien à l'étage qu'en bas, où « Incroyable Nana » avait stoppé son concert.

Rudoyé physiquement par les deux personnes qui l'encadraient, il se retrouva dehors et sentit qu'on allait le faire monter dans un véhicule.

On le guida tout en appuyant sur sa tête pour qu'il puisse entrer sans encombres. Il fut installé à l'intérieur, coincé entre deux solides gaillards.

Il n'y avait pas un bruit et Alain fut surpris de ne pas entendre le grésillement nasillard des radios annonçant les mauvaises nouvelles du soir.

La voiture démarra en trombe.

— Qui êtes-vous, où m'emmenez-vous ?

Alain s'énervait.

— J'étais policier il y a quelques mois. Je suis Alain Lespilenne. Vous vous êtes trompés de cible.

— Silence, fit le conducteur. Nous savons tout cela.

*

Alain avait été tellement souvent confronté à ce genre de situation qu'il se raisonna, ne voulant pas que les choses s'enveniment. Il savait par expérience qu'il valait mieux faire profil bas et attendre que les événements se stabilisent et que les esprits se calment.

Le trajet fut court et rapide.

Le chauffeur roulait vite et Alain trouvait qu'il prenait beaucoup de risques sur ces petites routes départementales. Il ne reconnaissait pas la direction malgré les milliers de kilomètres qu'il avait parcourus dans la région avant sa mutation à Cherbourg.

La voiture emprunta un chemin très peu carrossable et Alain commença à s'inquiéter vraiment sérieusement. Ces méthodes n'étaient pas habituelles ni conformes à la réglementation en vigueur en cas d'arrestation.

S'agissait-il dès lors de la police des polices, qui enquêtait sur la clôture suspecte du dossier de Théo Moscato ?

C'était une hypothèse plausible.

Le véhicule stoppa. Alain en entendit un deuxième qui pilait derrière lui. On l'accompagna manu militari sans aucune précaution dans ce qui lui sembla être un grand hangar à foin. Les pas résonnaient à cause de l'importante hauteur et l'odeur d'herbe coupée était forte.

*

On l'assit sur une chaise et on libéra ses poignets.

Une main délicate lui enleva sa cagoule et il fut d'abord ébloui par les puissants projecteurs blancs qui lui faisaient face.

Alain commença à discerner quelques éléments du décor. Une sorte de grande console semblait avoir été disposée à quelques mètres de lui. En retrait quelques silhouettes se détachaient en contre-jour. C'était comme une hallucination autoscopique. Il croyait se voir derrière la table, comme juge, comme il avait dû le faire si souvent. Mais là, c'était lui le suspect et non pas celui qui poserait les questions ou déroulerait l'accusation.

Il ne distinguait pas les visages des personnes alignées devant lui.

Il se retourna légèrement, sans le faire paraître, pour essayer d'identifier celles qui étaient encore derrière lui.

Rien.

Tout était dans le noir. Il ne pouvait rien reconnaitre. La panique l'assaillait. Des palpitations accompagnées de sueurs grasses commençaient à l'inonder.

Un des inconnus se leva, avec un cérémonial calculé, et une voix solennelle, grave et protocolaire prononça les quelques mots qui demeureraient gravés dans sa mémoire à tout jamais.

*

— Alain Lespilenne, tu es condamné, sans aucun préambule, interrogatoire ou argumentation pour ta défense, à être heureux pendant les nombreuses années qu'il te reste à vivre à Coutainville.

— Et de préférence avec nous.

Un éclat de rire général suivit la sentence. Le regard malicieux de son meilleur ami Quentin croisa celui d'Alain.

— Toi qui m'as aidé toute mon enfance et mon adolescence à me forger un caractère à ton égal, toi avec qui j'ai passé des soirées inoubliables à écumer tous les lieux de perdition de la région, toi qui m'as si souvent pris au piège de tes inventions les plus improbables, je me suis enfin vengé.

— Je suis certain désormais de détenir le record de la plus belle frousse de l'ex-commissaire. J'espère que tu ne m'en voudras pas trop et que tu apprécieras à sa juste valeur la meilleure blague de l'année.

— Rebonjour, mon pote, tu nous as trop manqué.

*

Quentin s'approcha d'Alain pour l'embrasser. Celui-ci, dont les jambes avaient commencé à flageoler, trouva encore l'énergie de prendre à bras le corps son fidèle ami, de le plaquer par terre et de lui déclarer, lui aussi solennellement :

— Tu es un sale con !

*

L'ensemble des présents sortirent de l'obscurité. Se retrouvèrent alors pêle-mêle les copains et les copines d'enfance — Lisa y compris, discrètement échappée du bar par la porte arrière — ainsi que quelques collaborateurs et collègues de son ancienne affectation à Coutainville. Derrière le grand rideau noir, un somptueux buffet régala les convives jusqu'à plus d'heures.

Alain passa dehors un long moment d'intimité avec Quentin et Lisa. Ils parlèrent avec tendresse d'Alice; regrettant qu'elle ne fît partie de la réunion. Quentin avait estimé que, malgré tous les sacrifices qu'elle avait consentis récemment pour sa sœur, il eut été délicat de la remettre face à un passé aussi violent.

Chapitre 77

Théo entendit l'épaisse porte de la prison de Poissy se refermer enfin sur ces deux années de captivité. Le bruit si caractéristique des lourds métaux qui s'entrechoquent et qui résonnent pour mieux signifier leur puissance le fit frissonner.

Il ne se retourna pas. Plus de sept cents jours — tous les matins il les avait comptés —, qui étaient désormais derrière lui.

Il fallait maintenant reconstruire un avenir.

Libéré plus tôt que prévu pour bonne conduite, il avait fortement contribué à la réhabilitation de la bibliothèque auprès des détenus, probablement sous l'impulsion première d'Alice qui l'avait initié à la lecture et à la littérature lorsqu'ils étaient ensemble.

Il s'était souvent remémoré pendant son incarcération ce qu'il avait répété inlassablement à l'époque à sa compagne : « Tu m'as aidé à donner un sens à ma vie quand je pensais qu'il n'y en avait plus ». Il lui en garderait une éternelle reconnaissance.

Cette phrase devait rester d'actualité.

*

Le soleil, qui venait d'en face, l'éblouit un moment. Il se sentit désemparé, comme un animal surpris par le faisceau des phares au détour d'un virage et qui reste prostré jusqu'à faire un choix, fût-il parfois mauvais.

Celui que fit Théo fut d'aller jusqu'à la station du RER pour s'enfuir le plus vite et le plus loin possible de ce qui était à nouveau un très détestable souvenir. Décidément, il les accumulait.

La direction qu'il emprunta n'était pas due au hasard. C'était celle de la gare Saint-Lazare. Il y prendrait ensuite un train pour Cherbourg, afin d'y retrouver les contacts de son parrain Edgard qui pourraient l'aider à se réinsérer.

*

Celui-ci, son cher oncle et aussi son dernier employeur lui avait rendu visite quelques fois. Pas toujours de bonne grâce. Malgré toute l'affection qu'il lui portait, il n'avait pas du tout apprécié ce nouveau dérapage.

Théo avait confié à Edgard être en grande détresse. Avoir vu l'amour de sa vie l'abandonner comme cela au bord de la route l'avait profondément choqué. Elle était partie sans préavis, sans aucune explication. Il était encore inconsolable.

Quelques larmes discrètes — il n'était pas de bon ton de s'écrouler ainsi devant les autres pensionnaires — avaient emmaillé sa confession. Edgard y avait été sensible.

Les discussions se passaient constamment de la même manière.

Il commençait par le tancer durement à propos de sa conduite inqualifiable qui ruinait tous les espoirs qu'il avait mis en lui. Compréhensif ensuite, il finissait toujours sur une note optimiste et constructive.

— Je te rappelle que tu peux quand même compter sur moi. Tu sais que j'ai promis à ma sœur de m'occuper de toi.

— Je resterai très vigilant sur ton comportement et tes fréquentations.

— C'est ta dernière cartouche, mon neveu. Tu n'auras pas d'autre joker. Si tu échoues, tu n'existes plus pour moi, avait confié le vieil homme lors de leur précédent entretien, fatigué de toutes ces frasques.

Il lui avait alors recommandé de revenir en Normandie sitôt sa peine terminée et de prendre contact sur place avec un de ses associés qui pourrait lui donner du travail.

Chapitre 78

Un ex-détenu sans revenus, sans aucune fierté, voilà ce qu'il était devenu. Dans le wagon vide et embué, il s'était recroquevillé dans le siège, la capuche de son sweat lui couvrant la tête, le visage collé contre la vitre, comme pour passer inaperçu, presque honteux.

Il en pleurait encore, s'apitoyant sur lui-même, mélangeant des larmes d'enfant aux gouttes d'humidité qui glissaient paresseusement sur les fenêtres glacées. Ce train allait enfin l'éloigner de tout cela.

Il pensait à Alice.

Trois années qu'il pensait à elle.

Jour et nuit. Se rattachant aux bons souvenirs, et à son corps. Elle était belle, vive, intelligente, surprenante. Les qualificatifs se bousculaient dans son esprit.

Il l'admirait et il avait tout fait pour elle sans beaucoup de succès. Cela lui avait même coûté très cher, portant seul toute la responsabilité de leur malveillance pour mieux là protéger. Malgré cela, si c'était nécessaire, il le referait.

*

Il commençait à s'assoupir quand l'annonce nasillarde et stéréotypée du départ lui vrilla les oreilles. Il revint à ses pensées.

Une question le taraudait depuis son arrestation.

Alice s'était baignée nue sur la plage à Anneville lors de la dernière nuit qu'ils avaient passée ensemble.

Constatant que son ventre s'était arrondi depuis leur première rencontre, il avait tout d'abord mis cela sur le compte de leur vie de patachon, où les deux complices, en bons épicuriens, enchainaient apéritifs copieux et repas gastronomiques. Il n'avait pas osé imaginer qu'elle eut pu être enceinte de lui et l'abandonner ensuite en gardant pour elle un enfant conçu à l'unisson. Avec une personnalité comme celle d'Alice, on pouvait s'attendre à tout. Cette hypothèse restait donc plausible.

*

Il n'avait eu aucune nouvelle d'elle pendant sa captivité et il ignorait par quel bout commencer pour retrouver sa trace.

Si pour une fois la chance pouvait être de son côté et le remettre sur une piste sérieuse, il serait prêt à payer cher pour cela.

Irait-il jusqu'à lui pardonner ? Il le saurait instinctivement si jamais il se trouvait face à elle.

Ce dont il était sûr, c'est qu'elle était restée dans la région. Elle y était attachée et avait souvent déclaré vouloir renouer avec son passé, fût-il douloureux.

Il s'occuperait du sujet une fois installé à Cherbourg et digéré le traumatisme causé par ce nouveau séjour en prison.

Chapitre 79

Quentin était dévasté. Il tenait fermement entre ses mains gelées l'urne qui contenait les cendres de sa mère. Il approchait du port de Saint-Hélier debout sur la proue de la navette qui faisait de réguliers allers-retours depuis Barneville-Carteret. Il n'avait pas eu le courage de remettre à flot l'Isabelle, le bateau avec lequel il avait fait cette virée mémorable avec son meilleur ami Alain il y avait désormais plus de cinq années. Trop de souvenirs y étaient attachés. De plus, il n'avait pas navigué depuis cette époque et la rouille et la vermine s'étaient occupées d'en faire une épave à peine présentable.

*

Il avait découvert sa mère écroulée par terre dans sa cuisine, le lendemain de la fête des retrouvailles avec Alain. Le cœur avait lâché. Elle semblait apaisée, presque sereine dans sa nouvelle obscurité. À côté d'elle se trouvait une enveloppe.

Elle devait contenir une longue lettre, comme à l'accoutumée chez Isabelle, qui consignait les moments importants de sa vie dans un grand cahier d'écolier. C'est de cette manière qu'elle avait détaillé sa décision de partir en compagnie de son amant après toute cette dramatique histoire avec Alice.

Il réussit à la soulever — elle n'était plus très lourde — et il la porta, comme elle avait dû le faire avec lui quand il était enfant jusqu'au canapé du salon.

Dans ce terrible instant qu'il avait appréhendé depuis le retour providentiel, il se surprit d'une énergie qu'il ne se soupçonnait pas. Probablement celle du désespoir. Il était donc capable de réagir.

Bien sûr, elle était affaiblie toutes ces dernières semaines. Bien sûr, c'était dans la logique des choses. Mais tout de même, n'aurait-il pas pu en profiter encore un peu, après toutes ces années perdues, loin l'un de l'autre ?

Il n'avait pas eu le temps de dépenser son quota d'amour. Il lui en restait beaucoup. Qu'allait-il en faire désormais ?

*

Les dernières volontés de sa mère, consignées dans la longue missive, avaient défini tout le cérémonial qui devait suivre sa disparition. Elle l'avait soigneusement détaillé, de son incinération à la dispersion de ses cendres au même endroit qu'elle l'avait fait pour son amant. Ce serait du haut de ce vertigineux à-pic battu par les terribles vents rebelles qui creusaient la falaise d'une multitude d'habitats troglodytes où nichaient des centaines d'oiseaux de mer irritables et piailleurs. Ils accompagneraient d'une lugubre symphonie mal orchestrée l'ultime envol des restes d'Isabelle.

Elle lui avait expressément demandé de procéder à cet éprouvant protocole en toute simplicité et en toute discrétion.

Quentin devait retrouver la vieille amie Louise et l'emmener avec lui pour cet adieu. Malgré toutes leurs promesses, les deux femmes ne s'étaient jamais revues. L'âge et leurs occupations ne l'avaient pas permis. Quelques correspondances les avaient seulement gardées en relation les premiers mois. Puis le fil de ces conversations s'était amenuisé pour se tarir définitivement après la disparation de Louise, qui s'était éteinte des suites d'un cancer foudroyant. Isabelle avait tout ignoré de la tragédie à l'époque où elle avait eu lieu.

*

Il était prévu dans les instructions précises de la défunte, que Quentin se dirigea dès son arrivée à Jersey au bar « The Crazy Sailor », celui de Brenda, la fille de Louise.

La coïncidence était troublante.

*

Il avait rencontré Brenda quelques années plus tôt avec Alain.

On ne pouvait pas parler à proprement dit d'un coup de foudre, mais d'une forte attirance réciproque, et pas seulement intellectuelle. Pendant ce premier face à face, Alain avait veillé au grain. Le contexte était suffisamment compliqué avec toutes ces histoires d'alors pour ne pas en rajouter.

Le petit mot discrètement glissé dans sa vareuse comportait une invitation.

Elle lui proposait de le retrouver après son service.

Ils s'étaient revus deux fois sur le continent et avaient passé la journée dans la suite junior de l'hôtel de la Marine à Barneville-Carteret. Ces jours-là, la jolie touriste rousse avait visité tous les recoins du large lit et du corps de son amant. Le temps avait ensuite fait son ouvrage et recouvert toutes les traces de ces infidélités amoureuses comme la marée sur les sillons des dessins enfantins sur le sable.

Chapitre 80

À peine descendu de la navette qui avait affronté une vraie mer de marin, houleuse à souhait, le sac à dos solidement attaché pour ne pas perdre son précieux contenu, Quentin prit la direction prévue.

Les rafales courbaient tout sur leur passage.

L'air était glacial et des trainées de pluie capricieuses cinglaient le visage des quelques téméraires qui tentaient d'aller se réchauffer au pub le plus proche. De toute façon, ce court séjour ne serait pas une partie de plaisir. Autant qu'il soit vraiment détestable jusqu'au bout.

Il n'avait emporté que le strict nécessaire, son périple ne devant durer que deux ou trois jours au maximum.

Il était venu seul, conformément aux décisions de sa mère, et avait laissé ses deux enfants à la maison, sous la bonne garde d'une Julie retrouvée.

Leur tante Alice avait sauté sur l'occasion. Les trois cousins s'adoraient et les deux sœurs évitaient soigneusement d'être ensemble lorsque Quentin était présent. Les pardons, les larmes et les sourires avaient assaini la situation, mais les blessures étaient encore vives.

*

Il poussa la porte du pub discrètement, et la referma aussitôt devant le regard insistant des clients qui essayaient de se réchauffer.

Lorsque Brenda l'aperçût, la lourde chope qu'elle venait de remplir à ras bord d'une bière aussi noire que la nuit qui enveloppait l'ile se fracassa en tombant sur le carrelage. Une gerbe de mousse l'inonda et un fou rire général secoua toute l'assistance qui se tourna immédiatement vers le nouveau venu.

Le visage qui entourait les deux yeux aux couleurs si différentes s'empourpra largement et Quentin murmura un timide « good evening » de circonstance.

— Bien de bonjour, sir, répondit la patronne, pareillement gênée. Je vous invite un verre de l'eau ou le whisky bien tourbeux ?

Le fort accent de Brenda avait toujours beaucoup amusé Quentin. Elle n'avait probablement pas dû fréquenter beaucoup le continent. C'était une gageure que d'arriver à comprendre le sens de ses phrases lorsqu'elle tentait quelques mots en français.

— Le whisky bien tourbeux, please, confirma-t-il, un sourire aux lèvres.

Le reste de la soirée se passa simplement. Ils échangèrent quelques banalités pour ne pas trop éveiller l'attention. Quelques regards complices émaillèrent leurs propos, promesses de se retrouver un peu plus tard.

Elle était très occupée par son service.

Il était très préoccupé par son lendemain.

*

Le bar ferma ses portes à 23 heures, tradition et législation obligent.

278

Quentin lui dit bonsoir comme un client ordinaire, fit le tour du petit batiment et attendit quelques minutes qu'elle vienne lui ouvrir. Ce qu'elle fit rapidement, pour l'enlacer affectueusement et l'inviter à entrer. Brenda lui prépara un solide en-cas qui le remit à peu près d'aplomb.

La suite fut amicale et pleine d'émotions.

C'est quand il lui précisa que sa mère avait voulu la présence de la sienne lors de la dispersion de ses cendres qu'elle lui avoua la triste réalité. Ils finirent la soirée accablés, arrivant à peine à se soutenir l'un l'autre.

*

Elle habitait à l'étage du bar et pouvait l'héberger. Ils décidèrent de faire chambre à part et d'essayer de dormir afin affronter ce qui serait une matinée très pénible. Brenda avait proposé de remplacer sa mère.

Toute la nuit éveillé, Quentin se souvint de ce qu'il avait lu récemment « Pourquoi a-t-on inventé l'enfer quand il existe l'insomnie ? » (1)

(1) « Le crime du comte Neuville » - Amélie Nothomb

Chapitre 81

Ils se levèrent très tôt et tentèrent un semblant de petit déjeuner, ne pouvant pas avaler grand-chose.

La tête basse, Brenda reniflait bruyamment, se remémorant ce qu'elle avait vécu quelques mois auparavant.

Quentin, avant même qu'il ne se soit passé quoi que ce soit, avait déjà les yeux meurtris par l'émotion. Il avait du mal à contenir un tremblement convulsif qui parcourait l'ensemble de son corps comme à l'époque où cette douleur térébrante agitait sa jambe.

Il se demandait encore s'il pourrait affronter cette épreuve sans dégâts. Brenda lui prit la main tendrement et la serra contre sa joue. Quelques instants de réconfort qui l'aidèrent à se décider.

*

Le vent était si violent qu'il devenait dangereux de s'approcher au bord de la falaise. Se soutenant mutuellement, ils marchèrent lentement vers le lieu choisi par Brenda, qui connaissait parfaitement les environs.

La cérémonie fut brève.

Quentin était emprunté. Il voulait en finir au plus vite, ne sachant pas quoi faire ni quoi dire au moment où le couvercle du canope dévala le précipice et se fracassa des centaines de mètres plus bas.

Les restes d'Isabelle, légers et virevoltants, s'envolèrent du vase entrouvert. Ils se mélangèrent dans le ciel agité avec ceux de son Sven bien-aimé.

Son fils, dévasté par le chagrin et la force des éléments, murmura quelques mots d'amour, les yeux tournés vers les nuages. Il jeta l'urne dans le vide devant lui. Il lui sembla qu'elle remontait un court instant, profitant d'un courant ascendant. Comme pour lui signifier adieu une dernière fois.

*

Brenda lui reprit la main, fermement. Elle était restée digne, en bonne fille de marin, volontaire et déterminée.

Elle entraina son compagnon jusqu'au Crazy Sailor, fermé toute la journée pour l'occasion.

C'est dans ces circonstances, ces émotions intenses, que les corps ont besoin d'exulter. Comme pour mieux se venger du mauvais sort. Ou retrouver l'énergie nécessaire pour continuer et se prouver que l'on est vivant.

C'est ce que fit le couple pendant trois jours.

*

Quand Quentin se retrouva sur le bateau du retour, agitant timidement une main à sa maitresse restée sur la terre ferme, il n'était pas très fier, une fois de plus.

S'arrêterait-il un jour ?

Chapitre 82

Les trois enfants marchaient en rang d'oignons. Ce dimanche de novembre était frisquet. Un rayon de soleil, orgueilleux d'avoir pu traverser un brouillard qui se voulait vainqueur de tout, réchauffait à peine cette ambiance fantomatique. Elle aurait pu, sans cela, glacer le sang des rares et intrépides visiteurs de ce lieu déserté à cette époque.

Les deux sœurs avaient décidé de passer l'après-midi au château de Pirou, à quelques kilomètres de Coutainville. Quentin n'était pas encore rentré de Jersey et la famille réunie comptait bien en profiter.

*

Timéo était en tête bien sûr. Son large cache-nez rouge noué autour du cou montrait la route comme un étendard.

Il avançait tel un soldat, alternant d'une démarche solennelle les deux bras en cadence avec les deux jambes. Il les raidissait à l'extrême, pensant se rendre ainsi impressionnant face aux probables ennemis prêts à surgir de ces ruines ancestrales.

Nina suivait, tout aussi sérieuse.

Son admiration sans limites pour son ainé l'amenait à copier faits et gestes comme deux jumeaux que rien ne distingue. Son écharpe jaune faisait écho à celle de son frère. Elle se synchronisait approximativement avec lui et son visage appliqué, la langue sortie de travers en signe de concentration, amusait beaucoup Alice et Julie. Toutes les deux n'ignoraient pas que le moindre bruit suspect déclencherait de toute façon un sacré vent de panique chez la gamine.

Quentin Junior fermait la marche des enfants, emmitouflé dans sa poussette. Il avait voulu être de la partie et portait la même étoffe que les deux autres.

La sienne était vert pomme, élégamment assortie à son anorak douillet. Plus jeune et plus menu, il avait du mal à en émerger et l'on apercevait tout juste un petit nez retroussé rougi par les courants d'air et deux yeux curieux de tout. Il s'enthousiasmait continuellement et la démarche protocolaire de son grand cousin le fit rire aux éclats.

Une nichée de gros corbeaux revêches s'en trouva dérangée. Lui signifiant leur mécontentement par des croassements menaçants, ils s'envolèrent bruyamment. Nina en sursauta.

*

La petite troupe ne manquait pas de courage dans cet environnement hostile. Elle se retrouva au centre du château, une fois toutes les portes de garde franchies, puis le pont arqué qui dominait les profondes douves vertes et stagnantes depuis des siècles. Les hauts murs du douzième conservaient encore toute leur superbe et les ajustements de pierres du pays parfaitement réalisés donnaient de l'unité et de la majesté à la construction.

À côté du donjon carré, ils se mirent en rond autour d'Alice, firent silence et l'écoutèrent.

*

Toujours aussi érudite, elle commença le récit d'une voix mystérieuse et presque inaudible. Empreinte d'une grande solennité, la légende de la bastille, une des plus anciennes de la région, allait prendre vie. Son public était fasciné.

*

« Il y a fort longtemps, une troupe de Vikings, des barbares assoiffés de sang et cherchant de nouveaux territoires à conquérir, firent l'assaut du château.

Le seigneur de Pirou, sa famille et tous ses serviteurs, résistèrent longtemps, empêchant les agresseurs d'entrer dans le château.

Les terribles guerriers, qui portaient des casques maculés de sang et où poussaient des cornes, firent le siège de l'endroit pendant des jours.

Certains commencèrent même à se faire tatouer sur la poitrine le récit de ce qu'ils considéraient déjà être une nouvelle victoire.

Lorsqu'ils constatèrent qu'il n'y avait plus aucun bruit à l'intérieur, ils y pénètrent une nuit où il n'y avait aucune lune en défonçant toutes les portes.

Je crois qu'ils empruntèrent le même chemin que nous ».

*

Timéo avait redressé le buste, s'identifiant aux vaillants envahisseurs.

Nina s'était réfugiée derrière sa mère et s'accrochait nerveusement à elle.

Quentin Junior, bien que ne comprenant pas tout, buvait les paroles de la conteuse, passant alternativement d'un visage éclairé par un large sourire à une mine effrayée qui lui donnait l'air d'une marionnette de guignol.

— Et alors ? questionna Julie, elle aussi passionnée par l'histoire.

— Oui, et alors ? enchaina l'ainé. J'espère qu'ils ont dévoré vivante toute cette racaille de seigneurs.

— Moi, c'est ce que j'aurai fait, dit-il en montrant les crocs et en se jetant sur sa sœur qui hurla de plus belle.

— Sauf que toi, il n'y a pas grand-chose à manger !

Alice eut du mal à conserver son sérieux.

« Lorsque les Vikings arrivèrent à l'endroit où nous sommes, ils trouvèrent un vieillard assis sur le banc de pierre que vous apercevez là-bas, sous le figuier.

D'une voix tremblotante, pas du tout effrayé par les mines patibulaires des visiteurs, il leur expliqua que le seigneur et sa famille avaient été transformés en oies sauvages grâce au grimoire qu'il tenait sur ses genoux ».

— C'est quoi un grimoire ? demanda Nina, à moitié rassurée.

— Un livre de magie, qui appartenait à des sorcières. Celui-ci avait dû servir à quelques tours extraordinaires, ajouta Alice.

« Ils purent ainsi échapper aux assaillants grâce à cette incroyable ruse »

Les yeux des enfants s'étaient arrondis, mimant leurs bouches qui avaient adopté la même forme. Un mélange d'angoisse et d'impatience les avait pétrifiés sur place. Ils attendaient la suite.

— Vous voulez connaitre la fin de l'histoire ? proposa la conteuse.

La réponse fusa.

*

« Lorsque les oies revinrent au château quelques jours plus tard, après s'être assurées qu'il était déserté, elles cherchèrent en vain le vieux livre pour relire la formule à l'envers et retrouver leur forme humaine.

Il avait brulé dans l'incendie qui avait détruit une grande partie de la bâtisse. Ils n'en dénichèrent que quelques traces noircies, insuffisantes pour revenir en arrière.

Cette histoire s'est déroulée au début du printemps. C'est pour cela que les oies entament leur migration dans notre région au mois de mars, espérant enfin trouver une solution à leur malheur. Mais à chaque fois, elles repartent penaudes à l'automne ».

Timéo n'en menait plus large, ayant subitement perdu de son autorité.

Nina était en larmes, ayant pris fait et cause pour les jolis oiseaux.

Quentin n'avait pas tout compris, mais mimait successivement les réactions des deux autres pour faire comme eux.

*

Julie fixait sa sœur, encore tout entière à son histoire. Son regard était plein de tendresse, de compassion et de pardon. Il avait fallu passer par beaucoup d'épreuves pour retrouver enfin cet amour fraternel et cette complicité qui avaient fait les meilleurs jours de leur prime jeunesse. Les tourments de l'adolescence et les affres de la jalousie étaient ensuite venus tout gâcher.

Elle lui prit la main, la serra étrangement, comme pour éviter qu'elle ne s'échappe encore une fois.

Alice ne bougea pas. Ses pensées s'éparpillaient, au gré des sentiments contraires qui se bousculaient dans sa tête et dans son cœur. Mais son bonheur restait infini. Elle n'aurait changé sa place pour rien au monde. Les deux avaient bien récupéré physiquement et seul un léger boitement entachait encore la démarche de Julie.

Sa cadette avait muri.

C'était une belle femme qui prenait désormais soin d'elle.

Elle avait retrouvé une silhouette de sportive, les longues marches qu'elle affectionnait lui étaient de nouveau autorisées et elle en abusait, laissant son fils aux bons soins de sa sœur qui l'adorait. Le bambin était gai, volubile et était devenu le chouchou de ses deux cousins qui l'entouraient de toute leur attention.

La famille réunie termina son équipée par un tour complet du château fort, croisant quelques rares visiteurs transis. Le jour allait tomber et l'humidité commençait à s'immiscer dans les moindres interstices des vêtements pourtant prévus pour l'occasion.

*

À la sortie du site, curieux de tout, Quentin Junior leva la tête en direction des remparts, et plus particulièrement de la tour carrée d'où les visiteurs avaient une vue imprenable sur tout l'environnement.

Il aperçut un bref et intense éclair de lumière causé par la réflexion du dernier rayon de soleil sur une surface brillante. Ceci lui fit cligner les yeux et l'amusa beaucoup. Il babilla du plus fort qu'il le pouvait, essayant d'attirer l'attention des autres sur cette bizarrerie.

Personne ne prit la peine de lui porter intérêt.

Timéo était trop occupé à détailler une magnifique berline allemande blanche garée sur le parking à côté du monospace de sa mère.

Nina, qui y trouvait une utilité toute relative, mais faisait comme son frère, se dit quand même qu'il devait y avoir tout le confort à l'intérieur et peut-être même des écrans dans les appuie-têtes.

Alice était troublée.

Ce type de véhicule lui rappelait un certain soir sur une route abandonnée du côté de Carentan au sortir de son difficile séjour à la Pureté et cette rencontre improbable avec le père de son enfant.

Julie attroupa tout le monde et sonna le départ pour un bon chocolat chaud au bar de la Digue.

Epilogue

Du haut du chemin de ronde, un trentenaire élégant reposa ses lunettes.

Son observation était finie.

Les rigoles de larmes salées qui couvraient son visage et lui piquaient les yeux l'empêchaient maintenant d'y voir correctement. Il venait de passer à distance quelques merveilleux moments d'émotion et de bonheur intenses.

Il remit ses jumelles dans son sac à dos, et se dit que son fils était décidément très beau.

Quant à la mère du bambin, Théo s'avoua que c'était définitivement bien elle qu'il lui fallait.

FIN

www.ingramcontent.com/pod-product-compliance
Lightning Source LLC
Chambersburg PA
CBHW070341090426
42733CB00009B/1252